KB263242

맨땅에서
상장까지
2

맨땅에서 상장까지 2

2025년 10월 30일 초판 인쇄
2025년 11월 6일 초판 발행

지 은 이 ㅣ 이재준
발 행 인 ㅣ 오연관
발 행 처 ㅣ 삼일피더블유씨솔루션
등 록 번 호 ㅣ 1995.6.26. 제3－633호
주　　　소 ㅣ 서울특별시 용산구 한강대로 273 용산빌딩 4층
전　　　화 ㅣ 02)3489－3100
팩　　　스 ㅣ 02)3489－3141
가　　　격 ㅣ 24,000원

ISBN　979-11-6784-441-5　　　03320

이재준 지음

SAMIL | 삼일인포마인

1. 김재준(前 한국거래소 코스닥 시장위원회 위원장)

드라마틱한 변화를 한 편의 소설과 같다고 한다.

『맨땅에서 상장까지 : AURION의 우당탕탕 생존기』는 창업에서 상장에 이르는 한 젊은이의 소설 같은 삶을 실감 나게 그려냈다. 어려운 현실 속에서도 유니콘에 도전하는 젊은이들에게 이론과 실무를 겸비한 좋은 지침서가 될 것으로 생각한다.

2. 전화성(초기투자액셀러레이터 협회장)

『맨땅에서 상장까지 : AURION의 우당탕탕 생존기』는 창업의 이상과 현실, 기술과 숫자, 팀과 시장이 충돌하며 성장하는 스타트업의 진짜 이야기를 담은 책입니다. 창업자의 비전, 팀의 갈등, 투자자의 전략까지 생생하게 담아낸 이 여정은 우리 스타트업 생태계가 나아가야 할 방향을 제시합니다. 현실적인 통찰과 생존 전략이 필요한 모든 창업자와 액셀러레이터에게 이 책을 강력히 추천합니다.

3. 송은강(캡스톤파트너스 대표)

이 책은 불가능해 보이는 꿈을 향해 모든 것을 걸고 나아간 '사람들'의 이야기입니다. 때로는 좌절하고, 때로는 서로 부딪히면서도 결국 함께 정상에 선 AURION 팀의 여정은, 창업가의 고독한 뒷모습을 따뜻한 공감으로 어루만져 줍니다. 창업을 꿈꾸는 당신에게 '어려움 속에서도 절대 포기하지 않는 끈기'가 가장 위대한 자산임을 가슴 깊이 깨닫게 해줄 것입니다. 성공을 위한 지침서이면서, 동시에 가슴을 뛰게 하는 감동적인 휴먼 드라마입니다.

4. 배상원(경남창조경제혁신센터 투자파트장)

이 책은 기술, 자금, 인재, 그리고 시장이라는 네 개의 장벽 앞에서 수없이 흔들리고도 끝내 무너지지 않은 스타트업의 이야기다.

불안과 용기, 좌절과 희망이 끊임없이 교차하는 과정은 결국 모든 창업자의 마음을 닮아 있다. 그 치열한 과정을 따라가다 보면 어느새 독자는 창업 현장의 생생한 온도를 느끼게 된다.

단순한 성공담이나 매끄러운 이론서가 아니다. 실패의 그림자, 예상치 못한 변수, 팀과의 갈등, 투자자와의 대화 같은 날것 그대로의 현실이 담겨 있다. 그래서 오히려 진짜다. 현실감 넘치는 장면 하나하나가 읽는 이의 마음에 오래 남아, 창업이라는 여정이 얼마나 험난하면서도 뜨겁게 가치 있는지 일깨워 준다. 책장을 넘기다 보면, 독자는 마치 자기 자신이 또 다른 주인공이 된 듯한 착각에 빠진다. "그래, 나도 다시 해볼 수 있겠구나." 어느 순간 자연스럽게 속삭이게 되는 이 말은 단순한 위로를 넘어, 도전의 불씨를 다시 살려내는 강력한 메시지다.

5. 양연채(법무법인 율촌 고문, 前 한국거래소 기술기업상장부 팀장)

벤처 창업자들이 셀 수 없는 고비들을 넘기고 마침내 회사를 궤도에 올리고 나면 더 큰 목표를 위해 상장을 떠올린다. 성공하면 자금, 인력, 기술을 확보해 이전과 다른 성장 모멘텀을 만들어 낼 수 있지만, 상장에 이르는 과정은 지난하기만 하다. 이 책은 창업부터 상장에 달하기까지 겪을 무수한 난관들과 해결책, 뼈와 살이 될 조언들을 술술 읽히는 이야기로 엮어 냈다. 수십 년간 자본시장에서 일하며, 어떻게 회사를 키울지 고뇌하는 CEO들을 수없이 보았다. 그분들께 일독을 권한다. 등대 불빛이 되어 더 멀리 갈 용기와 확신을 안겨 주리라 믿는다.

6. 김해광(한국투자증권 IPO 상무)

『맨땅에서 상장까지 : AURION의 우당탕탕 생존기』는 스타트업의 태동부터 성장, 자본시장에서의 안착까지를 그린 재미있는 소설입니다. 동시에 창업을 꿈꾸는 누군가에게는 현실적인 문제들을 풀어낼 Key를 알려주는 가이드이기도 합니다. 문학과 비문학의 경계를 스마트하게 넘나드는 이 책은 스타트업이 마주하는 시련들을 주인공들이 처한 이야기를 통해 아주 현실적으로 그리고 때로는 노골적으로 보여줍니다. 드라마틱한 창업 스토리 속에 녹아 있는 치열한 시장의 법칙과 실전 전략들… 이 책이 주는 색다른 묘미일 것입니다.

주인공 류강준과 그의 팀원들이 이뤄낸 기업의 성공담. 단순해 보이는 플롯이지만, 저자 이재준은 이 책을 단순한 기업의 성장담에서 끝내지 않았습니다. 불확실성 속에서 기업의 비전을 증명하고, 위기 속에서 해법을 찾아내며, 끝끝내 시장의 신뢰를 얻어내는 전 과정을 독자들에게 생생하게 전달해 줍니다. 특히 각 장 뒤에 담긴 '실무 가이드'는 현재 스타트업을 꿈꾸는 또는 준비하고 있는 예비 창업가들에게 바로 현업에 적용할 수 있는 구체적인 인사이트를 제공합니다.

창업을 준비하는 이들에게는 현실적인 로드맵으로, 이미 사업을 운영하고 있는 이들에게는 한 번 더 도약할 성장 전략으로, 그리고 투자자들에게는 유망 기업을 선택하는 안목을 줄 것입니다. 이 책이 시장에서의 생존을, 성장을, 그리고 도약을 고민하는 분들에게 혜안을 열어주길 바랍니다.

7. 김경순(대신증권 IPO 본부장)

저자의 실제 투자 및 상장까지의 과정에서 경험이 묻어나는 디테일 한 구성이 돋보이는 책입니다.

특히, C레벨 직책에 따른 성향까지 현실감 있게 표현되어 있어 실제로 기업을 상장시켰던 과거를 떠올리게 하였고, 상장을 준비하는 관계자(기업, 증권사 등)에게 큰 영감을 주는 책이라고 생각됩니다.

더 나아가 복잡한 금융 환경 속에서 전략적 의사결정이 어떻게 이루어지는지 생생히 보여주며, 투자자와 경영진 모두에게 통찰을 제공합니다.

또한 상장 과정에서 흔히 겪게 되는 시행착오와 극복 스토리가 진솔하게 담겨 있어, 실무자에게는 실질적인 가이드북으로 기능합니다.

현장에서 체득한 경험과 지혜가 응축된 사례집이기에 독자들에게 현실적이면서도 실천 가능한 조언을 건네줍니다.

8. 성주완(미래에셋증권 IPO 본부장)

창업, 투자, 재무, IPO까지 실제 스타트업이 겪는 전략적 의사결정과 실행 과정을 정교하게 풀어낸 생생한 사례서입니다. 창업자와 투자자 모두에게 인사이트를 주는 '비즈니스 리얼 픽션'입니다.

「맨땅에서 상장까지 : AURION의 우당탕탕 생존기」를 시작하며

안녕하세요, 독자 여러분.

스타트업의 시작은 뜨거운 열정에서 출발하지만, 그 끝은 냉혹한 현실의 증명으로 완성됩니다. 수많은 스타트업이 예측할 수 없는 시장의 파도 속에서 도전하지만, 정점에 오르는 기업은 극히 일부에 불과합니다.

그렇다면 이 치열한 여정을 통과해 성공에 이르는 구체적인 '생존 공식'은 무엇일까요?

이 책은 그 해답을 찾아가는 이야기입니다.

「맨땅에서 상장까지 : AURION의 우당탕탕 생존기」는 '인류와 지구의 공존을 기술로 실현하겠다'는 거대한 비전을 품은 창업자 류강준과 그의 스타트업 'AURION'의 이야기입니다. 이 여정은 이상을 현실의 논리로 증명하고, 시장이라는 심판을 통과해 결국 상장이라는 목표에 이르는 과정을 생생히 보여줍니다.

류강준의 길은 안정적인 대기업을 박차고 미지의 세계로 뛰어드는 외로운 발걸음에서 시작됩니다. 불가능해 보였던 아이디어를 천재 개발자 서유진과 함께 현실로 만들어 내고, 수많은 위기 속에서 투자자뿐 아니라, 전 직장 상사, 임·직원, 멘토 등 여러 조력자들의 마음을 움직여 회사를 세워나갑니다.

성장의 속도가 붙으면서 '냉철한 브레인' CFO가 합류하고, 기술과 재무라는 두 축이 충돌하기 시작합니다. 이 미묘한 균열은 시장 1위 경쟁자의 등장으로 이어지고, AURION은 핵심 인력 유출과 기술 탈취라는 위기를 맞이합니다. 그러나 류강준은 팀의 신뢰를 다시 세우고 내적 갈등을 봉합하며 회사를 재정비합니다.

팀의 역량이 완성되자 AURION은 본격적으로 시장에 진입해 정교한 전략과 실행으로 폭발적인 성장을 이룹니다. 하지만 성장은 또 다른 위기를 불러옵니다. 경쟁사의 방해와 기술 탈취 의혹이 IPO 심사 과정에서 치명적인 암초로 다가옵니다. 류강준과 팀은 정면으로 위기를 돌파하며 마침내 상장의 꿈을 현실로 만듭니다.

이 책은 단순한 소설이 아닙니다. 각 장의 이야기 속에는 창업부터 IPO, 그리고 지속 성장에 이르는 실무 과정과 전략적 의사결정의 핵심이 '실무 가이드'라는 이름으로 녹아 있습니다. 소설의 사건들은 뒤에 이어지는 가이드와 완벽히 일치하지는 않지만, 밀접하게 관련되며 실제 비즈니스 현장에서 바로 적용할 수 있는 살아 있는 인사이트를 제공합니다.

상장 이후에도 AURION의 여정은 멈추지 않습니다. 지속적인 IR 활동, 자사주 운영, 글로벌 확장, 신사업 다각화를 통해 초격차 리더십을 유지하며, 마지막에는 팀원들과 휴가를 함께 보내며 재충전의 시간을 갖습니다.

이 책을 더 깊이 즐길 수 있는 두 가지 방법을 제안합니다.

<이야기 속으로의 몰입>

먼저 소설에만 집중해 읽어보세요. 류강준과 AURION 팀의 좌절과 기쁨, 심리와 갈등을 있는 그대로 느끼는 것이 중요합니다.

<통찰의 탐구>

이야기를 모두 읽은 후, 각 섹션 뒤에 이어지는 '실무 가이드'를 함께 펼쳐보세요. 소설 속 인물들의 결정이 실제 원칙과 어떻게 맞닿아 있는지, 그리고 어떤 지식이 위기를 극복하게 했는지를 깨닫게 될 것입니다.

감사의 말씀

이 책이 세상에 나오기까지 많은 분들의 도움이 있었습니다.

격려와 조언을 아끼지 않으신 경남창조경제혁신센터 배상원 파트장님, 한국투자증권 IB본부 IPO 담당 김해광 상무님과 박세훈 팀장님께 깊은 감사를 드립니다.

그리고 언제나 곁에서 든든히 지지해 주고, 어려운 순간마다 힘이 되어준 사랑하는 아내에게도 진심 어린 고마움을 전합니다.

소설 속 AURION 팀의 여정은 허구이지만, 그 속에 창업과 성장을 꿈꾸는 모든 이들에게 현실적 지혜와 용기를 선물할 것입니다. 이 책이 당신의 비즈니스 여정에 길을 밝히는 등대가 되기를 진심으로 바랍니다.

저자 **이 재 준**

Ⓐ AURION 핵심 내부 인력

1. 류강준

- ▸ **성별** : 남자
- ▸ **나이** : 39세
- ▸ **회사/직책** : AURION Founder / CEO
- ▸ **MBTI** : INTJ(용의주도한 전략가)
- ▸ **주요 역할** : 대기업 연구원 출신으로 AURION을 창업하고 전체 비전을 제시하는 리더. 자금난, 생산, 인사 등 모든 위기 상황에서 팀을 이끌고 최종 의사결정을 내리는 정신적 지주이다.

2. 서유진

- ▸ **성별** : 여자
- ▸ **나이** : 37세
- ▸ **회사/직책** : AURION / CTO
- ▸ **MBTI** : ENTJ(대담한 통솔자)
- ▸ **주요 역할** : 'AI 알고리즘 핵심 개발'과 IPO 기술평가를 주도하는 천재 개발자. 기술적 순수성을 중시하지만, 재무적 효율성을 우선시하는 최강혁 CFO와의 갈등과 경쟁사의 음모로 인한 기술 유출 위기를 겪는다.

3. 최강혁

- ▸ **성별** : 남자
- ▸ **나이** : 46세
- ▸ **회사/직책** : AURION / CFO
- ▸ **MBTI** : ISTJ(청렴결백한 논리주의자)
- ▸ **주요 역할** : 재무와 전략을 총괄하는 브레인. 투자 유치, M&A, IPO 준비 등 굵직한 전략을 수립하여 기업가치를 극대화하고, 류강준의 이상주의를 현실적인 관점에서 보완한다.

4. 이아름

- ▸ **성별** : 여자
- ▸ **나이** : 41세
- ▸ **회사/직책** : AURION / CMO
- ▸ **MBTI** : ENFP(재기발랄한 활동가)
- ▸ **주요 역할** : 브랜드 이미지 구축과 B2B/B2G 마케팅 전략을 총괄하는 소통 전문가. 당돌하면서도 확신에 찬 성격으로 팀을 이끌며, 긍정적인 에너지로 분위기를 고조시키고 고객 신뢰를 구축하는 데 핵심 역할을 수행한다.

5. 이현수

- ▸ **성별** : 남성
- ▸ **나이** : 39세
- ▸ **회사/직책** : AURION / 기술영업 본부장
- ▸ **MBTI** : ESTP(모험을 즐기는 사업가)
- ▸ **주요 역할** : 뛰어난 설득력과 현장 경험을 바탕으로 영업을 책임지는 전문가. B2B/B2G 고객 발굴, 기술 솔루션 설명, 계약 성사를 담당하며 마케팅 전략을 실행으로 옮기는 인재이다.

6. 김민지

- ▸ **성별** : 여자
- ▸ **나이** : 44세
- ▸ **회사/직책** : AURION / 인사전략 본부장
- ▸ **MBTI** : INFJ(선의의 옹호자)
- ▸ **주요 역할** : 인재 채용, 성과 관리 시스템 구축 등 전반적인 인사관리를 담당한다. 특히 M&A 과정에서 조직문화를 통합하기 위한 전략을 수립하였으며, IPO를 위한 인적 자원 측면의 내부 통제시스템을 강화하고 이사회 구성을 돕는다.

7. 김도진

- ▸ **성별** : 남자

- ‣ 나이 : 43세
- ‣ 회사/직책 : AURION / 생산 본부장
- ‣ MBTI : ESTJ(엄격한 관리자)
- ‣ 주요 역할 : 제조업 경력의 베테랑 생산 전문가. '패스트 이노베이션' 생산 과정에서 이슈를 해결한다. 인수 후 AURION에 합류하여 미국 법인 설립과 생산 역량 내재화 역할을 수행한다.

ⓑ 주요 외부 인력

1. 민상훈

- ‣ 성별 : 남자
- ‣ 나이 : 41세
- ‣ 회사/직책 : CoreVentures / 심사역
- ‣ MBTI : ESTP(모험을 즐기는 사업가)
- ‣ 주요 역할 : AURION의 Series A 투자를 집행한 투자자로서 AURION의 사외이사로 선임된다. 상장 준비를 위해 이사회 비상무이사직을 사임한다.

2. 최민준

- ‣ 성별 : 남자
- ‣ 나이 : 46세
- ‣ 회사/직책 : 퓨처벤처파트너스 / 심사역
- ‣ MBTI : ENTP(뜨거운 논쟁을 즐기는 변론가)
- ‣ 주요 역할 : AURION의 Series B 투자를 주도한 핵심 투자자. M&A와 글로벌 확장 비전에 매력을 느껴 투자를 진행한다.

3. 오윤서

- ‣ 성별 : 여자
- ‣ 나이 : 54세
- ‣ 회사/직책 : 네오테크 / 대표이사

- MBTI : ESTJ(엄격한 관리자)
- 주요 역할 : AURION의 가장 강력한 시장 경쟁자이자 최종 보스. 기술 탈취 음모를 설계하고, 법적 소송과 언론 플레이로 IPO를 방해하는 냉혹한 전략가이다.

4. 강철민

- 성별 : 남자
- 나이 : 57세
- 회사/직책 : 패스트 이노베이션 / 대표이사
- MBTI : ISTP(만능 재주꾼)
- 주요 역할 : AURION의 OEM 파트너이자 M&A 대상 기업의 대표. 고정밀 제조 기술과 생산 효율성을 갖춘 베테랑으로, M&A 이후 AURION의 자회사 대표로 남게 된다.

5. 배태현

- 성별 : 남자
- 나이 : 46세
- 회사/직책 : SeedBoost 액셀러레이터 / 대표이사
- MBTI : ENFJ(정의로운 사회운동가)
- 주요 역할 : 류강준에게 손을 내민 액셀러레이터이자 초기 엔젤투자자. 초기 방향 설정과 멘토링을 지원하며 AURION의 든든한 조력자가 된다.

6. 정명수

- 성별 : 남자
- 나이 : 65세
- 회사/직책 : 1세대 창업자 / 멘토 (전(前) 성공한 벤처기업가)
- MBTI : INTP(논리적인 사색가)
- 주요 역할 : 성공과 실패를 모두 겪은 경험을 바탕으로 류강준이 힘들 때마다 진정한 조언과 용기를 주는 정신적 지주이자 인생 멘토이다.

7. 한상진

- ‣ **성별** : 남자
- ‣ **나이** : 44세
- ‣ **회사/직책** : 미래회계법인 / 공인회계사
- ‣ **MBTI** : ISTJ(청렴결백한 논리주의자)
- ‣ **주요 역할** : IPO 준비 과정에서 재무 실사, 회계 정비 등 재무 관련 문제를 꼼꼼하고 정확하게 처리한다.

8. 박시현

- ‣ **성별** : 여자
- ‣ **나이** : 39세
- ‣ **회사/직책** : 정의법무법인 / 변호사
- ‣ **MBTI** : ESTJ(엄격한 관리자)
- ‣ **주요 역할** : 텀싯 및 투자계약서 검토, M&A 계약의 법률적 자문, IPO를 위한 법률 실사, 정관 및 사규 정비 등 법률적 측면을 지원한다.

9. 김도윤

- ‣ **성별** : 남자
- ‣ **나이** : 47세
- ‣ **회사/직책** : 나이스투자증권 / IPO 부장
- ‣ **MBTI** : ENTJ(대담한 통솔자)
- ‣ **주요 역할** : AURION의 IPO 대표 주관사 담당자. IPO 전략 수립부터 공모가 산정, 최종 상장까지 모든 실무를 총괄 지휘한다.

10. 마이클 리

- ‣ **성별** : 남자
- ‣ **나이** : 43세
- ‣ **회사/직책** : US Global Funds / 펀드매니저

- MBTI : INTJ(용의주도한 전략가)
- **주요 역할** : 월스트리트의 거물이자 글로벌 투자 시장의 주요 인물. AURION의 기술력과 비전을 먼저 알아보고 Pre-IPO 투자를 진행하며, 글로벌 진출의 발판을 놓아준다.

11. 박성진

- **성별** : 남자
- **나이** : 50세
- **회사/직책** : S-에너지 / 기후 변화 대응 연구팀 팀장(류강준의 전 상사)
- MBTI : ISTJ(청렴결백한 논리주의자)
- **주요 역할** : 류강준의 전 상사. AURION의 PoC 파트너로서 초기 성장에 중요한 기여를 한다.

12. 정태수

- **성별** : 남자
- **나이** : 49세
- **회사/직책** : GTS(네오테크 자회사) / 전략 전무
- MBTI : ESTP(모험을 즐기는 사업가)
- **주요 역할** : 오윤서의 지시를 받아 AURION에 접근하여 내부를 이간질하고, 핵심 기술 정보를 탈취한다.

13. 강윤아

- **성별** : 여자
- **나이** : 55세
- **회사/직책** : 전(前) 고등법원 부장판사 / 現 법학전문대학원 교수 / 사외이사
- MBTI : ISTJ(청렴결백한 논리주의자)
- **주요 역할** : IPO 준비 과정에서 지배구조 개선과 윤리 경영을 위한 자문 및 감시 역할을 수행하며, 기술 탈취 소송에서 AURION의 법적 방어 전략을 조언한다.

14. 박준석

- ‣ **성별** : 남자
- ‣ **나이** : 61세
- ‣ **회사/직책** : 전(前) 환경과학원 원장 / 現 기후기술 자문위원회 위원 / 사외이사
- ‣ **MBTI** : INFJ(선의의 옹호자)
- ‣ **주요 역할** : 기후 기술 분야의 최고 권위자. 이사회 내에서 환경 비전의 사회적 정합성을 평가하고, 기술 탈취 소송에서 AURION의 기술적 방어 논리를 자문한다.

15. 김태하

- ‣ **성별** : 남자
- ‣ **나이** : 51세
- ‣ **회사/직책** : 서울중앙지방법원 / 판사
- ‣ **MBTI** : INTJ(용의주도한 전략가)
- ‣ **주요 역할** : 네오테크가 제기한 기술 탈취 소송의 재판장. 기술 관련 법정 다툼에 대한 깊은 이해와 공정함을 바탕으로 재판의 핵심 쟁점을 명확히 짚어내는 베테랑 판사이다.

Contents

Chapter 7

숫자의 심장, 상장의 여정

AURION의 기술특례상장을 위한 준비 과정이 마침내 결실을 맺는다. IPO TF팀이 1년 6개월간 심혈을 기울여 완성한 상장예비심사신청서에는 사업 내용, 기술력 검증부터 재무제표, 경영권 안정성 등 모든 요건이 담겨 있다. 각 부문별 전문가들의 세심한 검토와 최종 보완을 거쳐 완성도 높은 문서로 거듭났다.

드디어 KX거래소에 예비심사신청서를 접수하며, 류강준과 AURION은 상장의 길에 접어든다. 13년간의 창업 여정이 공개기업으로 도약하는 새로운 전환점을 맞이하는 역사적 순간이 펼쳐진다.

상장을 향해 :
IPO 준비 단계 돌입

◼️ IPO Start

2025년 5월, 글로벌 확장과 Pre-IPO 투자 완료 후, AURION 경영진은 마침내 상장 준비에 돌입했다.

류강준이 대회의실에서 팀원들을 한 명씩 바라보며 말했다.
"이제 우리는 새로운 단계를 시작합니다. 시장의 평가를 받는다는 것은 우리 기업의 진정한 가치를 증명하는 일입니다."

각 팀원의 표정에는 긴장감과 기대감이 동시에 담겨 있었다. AURION이 마침내 IPO를 향한 첫 발걸음을 내디디는 순간이었다.

◼️ IPO 전략 수립

다음 날 아침, AURION 본사 전략 회의실에서 최강혁 CFO가 대형 디스플레이를 켜며 전략 미팅을 시작했다.

[IPO 전략 회의 : 기술특례상장 로드맵]

"IPO는 우리가 지금까지 경험한 도전과는 완전히 다릅니다."
최강혁의 목소리는 차분하지만 진중했다.

"이는 단순한 자금 조달이 아니라 기업의 모든 것을 투명하게 공개하고 시장의 평가를 받는 과정입니다."

화면에 복잡한 표와 일정표가 나타났다.

최강혁 CFO는 의견을 제시했다.

"현재 우리는 매출이 늘어나고 있지만, 영업이익은 아직 적자 상태입니다. 기술특례상장이 가장 현실적인 경로로 보입니다."

서유진이 동의하며 추가 설명을 덧붙였다.

"기술특례상장은 수익성보다 기술력과 성장성을 중심으로 평가받는 제도입니다. 우리가 보유한 'AI 기반 초정밀 기후 예측 및 대응 솔루션'은 충분히 경쟁력이 있다고 판단합니다."

기술특례상장 요건 검토

최강혁이 다음 자료를 화면에 띄웠다.

"기술특례상장 평가는 크게 두 부분으로 나뉩니다. 첫 번째는 기술성 평가입니다."

〈기술성 평가 항목〉

- 기술의 완성도 : 기술의 진행 정도, 기술의 신뢰성, 기술의 자립도
- 기술의 경쟁우위도 : 기술의 차별성, 기술의 모방난이도, 기술의 확장성
- 기술개발 환경 및 인프라 : 연구개발 활성화 수준, 경영진의 전문성, 기술인력 등 관리체계

"두 번째는 시장성 평가입니다."

〈시장성 평가 항목〉

- 목표시장의 잠재력 : 목표시장의 규모 및 성장성, 목표시장의 특성
- 제품/서비스의 사업화 수준 : 사업모델 수립 수준, 자본조달 능력, 생산 및 품질관리 역량, 판매처 확보 수준
- 제품/서비스의 경쟁력 : 제품/서비스의 우수성, 제품/서비스의 시장 점유 수준, 제품/서비스의 확장 가능성

이아름 CMO가 마케팅 관점을 보강했다.

"기술특례상장에서는 기술 자체가 IR의 핵심입니다. 우리의 AI 기반 기후 대응 기술과 글로벌 실적이 가장 큰 강점이 될 것 같습니다."

김민지 인사전략 본부장이 실무적 우려 사항을 제기했다.

"상장 준비 과정에서 내부 통제시스템 구축이 중요합니다. 현재 사용하고 있는 ERP 시스템을 고도화하고, 회계 투명성 강화를 위한 내부회계관리제도 도입도 필수입니다. 또한 리스크 관리 체계와 컴플라이언스 시스템도 상장 기업 수준으로 업그레이드해야 합니다."

■ 주관사 선정 전략

최강혁은 IPO 전략의 핵심 내용을 설명했다.

"IPO 성공의 핵심은 주관사 선정입니다. 단순히 주식을 세일즈 하는 기관이 아니라 우리의 IPO 전략을 함께 설계하고 상장 과정의 다양한 이슈를 해결한 경험이 있는 파트너를 찾아야 합니다."

〈주관사 평가 기준〉

- 코스닥 기술특례상장 승인율 및 전담팀 보유
- 기후테크/AI 업계 이해도와 평가 경험
- 리서치 역량 및 기관투자자 네트워크
- 글로벌 IR 지원 능력

류강준이 모든 팀원을 둘러보며 정리했다.

"우리의 기술력과 글로벌 성과를 시장에 정확히 전달할 파트너를 찾는 것이 관건입니다."

기술평가 핵심 요건

서유진이 기술적 준비 사항을 점검했다.

"KX거래소 기준으로 2개 전문 평가기관에서 A등급과 BBB등급 이상을 획득해야 합니다. 우리의 AI 알고리즘 정확도 98.5%와 실시간 데이터 처리 기술이 핵심 차별화 요소가 될 것 같습니다."

이현수 기술영업 본부장이 사업화 관점을 추가했다.

"기술평가에서는 기술의 사업화 성과도 중요합니다. 미국 JV를 통한 글로벌 매출 창출과 Shellee America, Kiemens Energy USA 같은 글로벌 고객사와의 계약이 큰 플러스 요인이 될 것입니다."

실행 로드맵

김도진 생산본부장이 제조 관점에 대한 의견을 제시했다.

"미국 공장 운영 실적과 패스트 이노베이션 인수를 통한 수직계열화 완성도 큰 장점이 될 것입니다. 기술의 실용화와 사업화를 모두 입증했기 때문입니다."

최강혁이 향후 일정을 정리했다.
"IPO 준비는 생각보다 복잡하고 시간이 오래 걸리는 과정입니다. 상장예비심사 청구서 제출을 목표로 총 1년 6개월 일정으로 계획했습니다."

화면에 세부 일정이 나타났다.

■ IPO 준비 로드맵(총 18개월)

- 1~2개월 : 주관사 선정 및 계약
- 3~6개월 : 주관사 실사 및 예비진단(미국 법인 포함)
- 7~12개월 : 이슈 개선 및 내부통제 정비, IFRS 컨버전, 지정 감사 신청
- 13~15개월 : 예비 기술평가 및 본 기술평가
- 16~18개월 : 상장예비심사신청서 작성 및 제출

"특히 미국 법인이 포함된 연결재무제표 작성과 글로벌 거버넌스 체계 정비에 상당한 시간이 필요합니다."
최강혁이 설명했다.

"2026년 하반기 신청서 제출, 2027년 상반기 상장을 목표로 하는 것이 현실적입니다."

■ 새로운 도전의 시작

미팅이 마무리되며 류강준이 최종 정리했다.
"우리가 개발한 기술과 이뤄낸 성과를 자본시장 앞에 당당히 내놓을 때가 왔습

니다. AURION은 기후테크 시장에서 검증받은 기업으로서 상장이라는 새로운 무대에 오를 준비가 되었습니다."

실무 가이드 46 IPO 사전 준비

IPO(기업공개)는 기업의 생존을 넘어 성장을 가속화하고 기업가치를 극대화하는 최종 목표 중 하나이다. 성공적인 IPO를 위해서는 치밀한 사전 준비와 전략 수립이 필수적이다.

IPO 사전 준비의 핵심 마일스톤

1. IPO 비전 및 목표 설정

- 왜 IPO를 하는가? (자금 조달, 기업가치 상승, 브랜드 인지도 제고, 인재 유치 등)
- IPO를 통해 달성하고자 하는 구체적인 목표(조달 금액, 시가총액 목표)를 설정한다.

2. 상장 트랙(Track) 결정

- 기업의 특성(수익성, 기술력, 성장성 등)에 가장 적합한 상장 방식(일반상장, 기술특례상장, SPAC 합병상장 등)을 선택한다.
- 기술특례상장은 전문 평가기관의 평가(A등급 & BBB등급 이상)가 필요하며, 기술의 완성도, 경쟁우위도, 시장성 등을 종합적으로 심사한다. 단, 소재,

부품, 장비 전문기업 등 일부 요건을 충족하는 회사들의 경우, 1개의 전문평가기관으로부터 A 등급 이상 수령 시 신청 가능하다.

3. IPO 예비진단

- 현재 기업의 상태(기업 개요, 재무 상태, 사업모델, 준비 상황)를 객관적으로 평가하여 상장 가능성을 진단한다.
- IPO 과정에서 발생할 수 있는 잠재적 리스크와 도전 요소를 식별하고, 이에 대한 대응 전략을 미리 수립한다.
- 이 예비진단은 IPO 컨설팅 과정에서 성공적인 진행을 위한 기초 작업이다.

4. 주관사 선정

- 주관사(투자은행 또는 증권사)는 IPO 과정에서 발행사(기업)를 대신해 주식을 판매하고, IPO의 구조를 설계하며, 투자자들에게 주식을 배분하는 핵심 파트너이다.
- **선정 시 고려 사항**
  - **실적 및 역량** : 주관사의 리그테이블(공모 규모, 건수), 상장 승인율, IPO 조직 역량, 리서치 및 세일즈 역량
  - **기업 이해도** : 회사의 산업 특성, 사업에 대한 이해도
  - **제시하는 기업가치 및 수수료** : 합리적인 기업가치 산정과 비용 구조
  - **딜 전념도 및 신뢰 관계** : 해당 딜에 대한 집중도와 핵심 인력과의 신뢰 관계

* IPO 로드맵 예시

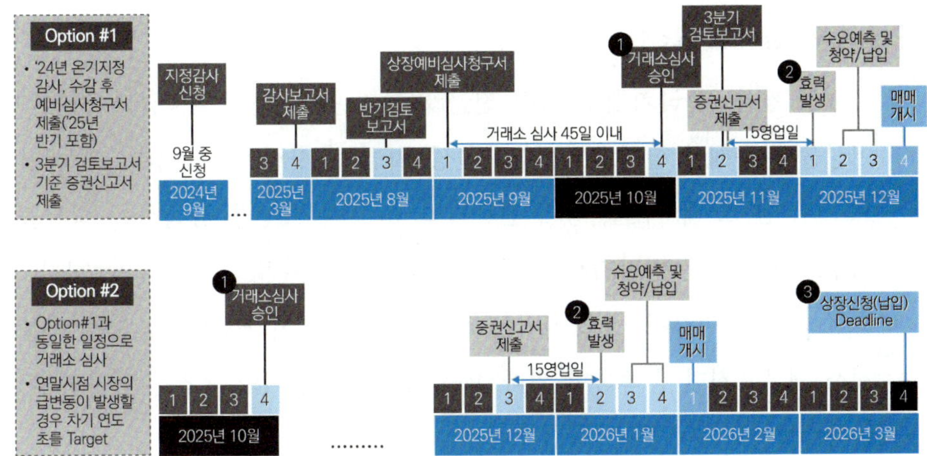

조언

IPO는 CEO, CFO, CTO, CMO 등 최고 경영진의 강력한 의지와 참여, 그리고 주관사 및 법률/회계 전문가 등 외부 이해관계자들과의 긴밀한 협업이 성공의 열쇠이다. 초기 단계부터 치밀한 전략 수립과 철저한 준비가 필수적이다.

실무 가이드 **47** 기술특례상장

기술특례상장은 기술력은 우수하지만, 재무 요건이 부족한 혁신기업의 상장 기회를 제공하는 제도다. 2005년 도입 이후 2024년까지 190여 개 기업이 활용하였다. 성공적인 기술특례상장을 위해서는 체계적인 전략 수립과 단계별 준비가 핵심이다.

기술특례상장 성공을 위한 핵심 실무 전략

1. 기술특례상장 기본 요건

- **기술성 평가** : 한국거래소 지정 전문 평가기관 2곳에서 A등급과 BBB등급 이상을 획득해야 한다. 기술의 혁신성, 차별화, 사업화 가능성이 핵심 평가 요소다. 단, 소재, 부품, 장비 전문기업 등 일부 요건을 충족하는 회사들의 경우, 1개의 전문 평가기관으로부터 A 등급 이상 수령 시 신청 가능하다.
- **경영성과 및 시장평가** : 자기자본 10억 원 이상, 시가총액 90억 원 이상의 최소 재무요건만 충족하면 된다. 매출액이나 영업이익 요건은 적용되지 않는다.
- **주식의 분산** : 소액주주 25% 이상 확보 또는 공모 10% 이상 실시, 소액주주 500명 이상 등 유동성 요건을 만족해야 한다.

2. 기술평가 핵심 준비 사항

- **기술성 평가** : 핵심 기술의 특징 및 개발 과정, 기존 기술 대비 차별화 사항, 보유 특허 현황, 연구개발 수행 실적을 체계적으로 정리한다.
- **시장성 평가** : 목표 시장 규모, 사업모델 및 수익 창출 구조, 판매처 현황, 경쟁사 대비 제품/서비스 특징을 명확히 제시한다.
- **사업화 성과** : 기술의 실용화 정도, 매출 기여도, 글로벌 고객사 확보 실적 등을 구체적으로 입증한다.

3. 상장 트랙 선택 전략

- **기술특례상장** : 기술력은 우수하나 수익성이 부족한 기업에 적합하다. 전문 평가기관의 기술평가가 핵심이다.
- **성장성 특례상장** : 상장 주선인의 추천으로 상장하는 방식으로, 기술평가는

불필요 하지만 상장주선인의 6개월간 풋백옵션 책임이 있다.

- **이익미실현상장(테슬라 요건)** : 적자기업도 일정 수준 이상의 시장평가 및 성장성을 갖춘 경우 상장 가능한 제도이다. 상장주선인의 3개월간 풋백옵션 책임이 있다.

4. 위험 요소와 대응 방안

- **기술평가 리스크** : 2개 평가기관에서 모두 요구등급을 받지 못할 위험에 대비해 사전 예비평가를 실시한다.
- **시장 리스크** : 상장 시점의 시장 상황이 좋지 않을 경우를 대비해 상장 일정 조정 계획을 수립한다.
- **경쟁사 이슈** : 동종업계 경쟁사의 부정적 이슈가 업계 전체에 미치는 영향을 모니터링 한다.

5. 성공 포인트

- **차별화된 기술력** : 특허 포트폴리오와 기술의 독창성을 명확히 입증한다.
- **글로벌 사업화** : 해외 매출과 글로벌 고객사 확보를 통한 성장성을 강조한다.
- **경영진 역량** : 기술 창업자와 경영 전문가의 조화로운 경영팀 구성을 보여 준다.

조언

기술특례상장은 기술력을 바탕으로 자본시장에 진출하는 혁신기업의 성장 전략이다. 성공의 핵심은 기술의 차별화와 사업화 성과를 투자자에게 명확히 전달하는 것이다. 충분한 준비 기간을 확보하고 전문가와 함께 체계적으로 접근하는 것이 중요하다.

IPO의 첫 관문 :
주관사 선정과 예비진단

■ 주관사 RFP와 선정

IPO 전략 회의 후 AURION은 즉시 실행에 돌입했다. 최강혁 CFO의 주도하에 모든 절차가 체계적으로 진행되었다.

국내 주요 증권사에 주관사 선정 제안요청서(RFP)가 발송되었고, 며칠 후 그의 책상 위에는 5개 증권사의 제안서가 도착했다.

"각 증권사가 AURION을 어떻게 이해하고 있는지, 그리고 기후테크 분야에 대한 전문성이 있는지가 핵심 고려 사항입니다."

최강혁은 제안서를 명확한 평가 기준으로 면밀하고 체계적으로 검토했다.

〈주관사 평가 기준〉

- 리그 테이블 순위(공모 규모 및 건수)
- 기술특례상장 승인율 및 경험
- 기후테크/AI 산업 이해도
- 제시하는 기업가치와 공모 전략
- 세일즈 조직 역량 및 기관투자자 네트워크

최종 후보는 3개 사로 압축되었다.

첫 번째 증권사는 리그 테이블 상위권이었지만 기술특례상장 경험이 부족했다.

"기후테크는 저희에게 생소한 분야입니다." 담당자가 솔직하게 인정했다. "주로 바이오 기업 중심으로 진행해 왔어서…"

두 번째 후보는 공격적인 밸류에이션을 제시했지만, 수수료 조건이 과다했고, 구체적인 IR 전략이 부족했다.

마지막 나이스투자증권 김도윤 부장의 제안이 가장 체계적이었다.

"AURION은 글로벌 기후 위기 해결에 기여하는 ESG 가치 창출 기업이라고 판단합니다. 기술특례상장 후에도 지속적인 성장을 위한 글로벌 투자자 IR 전략까지 함께 설계하겠습니다."

그는 AURION의 AI 기술 아키텍처와 미국 진출 성과, 그리고 향후 시장 확장 전략을 정확히 파악하고 있었다.

며칠 후 나이스투자증권이 최종 대표 주관사로 선정되었다.

예비진단 실사

주관사 선정과 함께 IPO 예비진단이 본격 시작되었다. 나이스투자증권 실사팀은 AURION의 모든 부문을 체계적으로 점검했다.

김도윤 부장이 실사 범위를 설명했다.

"IPO 시장이 예전보다 까다로워졌습니다. 예비진단에서 8개 핵심 영역을 점검해서 문제점을 미리 발견하고 본격적인 상장 준비 전에 해결해야 합니다."

〈 AURION의 예비실사 주요 영역 〉

구분			내 용
형식적 요건			경영성과 및 시장평가, 경과년 수, 규모 조건, 분산 요건, 감사 의견, 지배구조(사외이사, 상근감사 충족), 자기자본, 기타 요건(주식 양도 제한이 없을 것 등) 체크
상장 트랙 설정			일반 상장 및 기술 성장 트랙 등
기업의 계속성	산업의 특성		경쟁 상황, 시장 규모, 산업 Life Cycle 등
	영업의 안정성		시장 점유율, 수주 현황, 매출채권 및 재고자산 등
	영업의 독립성		구매, 생산, 판매 관련 독자적 영업 수행 여부 등
	매출처 편중		산업 특성, 거래관계, 매출처의 경영실적 등
	재무 안정성		자기자본, 차입금, 우발 채무, 신규사업 진출 등
	수익성		수익 창출 능력, 자산 활용 효율성, 지속 수익 여부 등
경영의 투명성	기업 지배 구조	경영 독립성	주요 의사결정의 독자적 수행, 감사의 독립성
		경영진 구성	최대 주주 및 특수관계인의 경영 참여, 사외이사자격
		경영 행위 적법성	법령 충족 여부 및 회사경영에 미치는 영향
	내부통제제도		내부 규정/내부통제장치 마련, 체계적 투명한 회계 시스템 구축
	공시 체계		신뢰성 있는 회계정보 산출 및 공시의무 수행
경영의 안정성	경영권 안정성		최대 주주 지분율, 경영권 변동 가능성, 경영권 분쟁 여부 등
	지분 변동 적정성		최대 주주 지분 양·수도, 유상증자 등의 적정성
	지분 변경		현재 지분 구조, 향후 변동 가능성 등
최대 주주 등과의 거래	거래의 적정성		거래 동기 및 조건의 타당성과 합리성
	공시의 적정성		최대 주주 등 현황, 주요 거래 내역 공시 누락 여부
	Tunneling		관계회사, 특수관계인을 통한 부의 이전
	중요 분쟁 등		소송 성격 및 공시 여부, 정부 정책(환경/공해)
	증시 건전 발전		증권시장의 건전한 발전 저해 가능성

"현재 사외이사는 1명뿐입니다."

김민지 인사전략 본부장이 즉시 대응책을 제시했다.

"이사회 전문성, 독립성, 다양성 확보를 위해 사외이사 구성을 바꿔야 합니다. 기후테크 분야 전문가 및 법률 전문가를 후보로 물색하겠습니다."

"특수관계인과의 거래 내역도 재정비가 필요합니다."
최강혁이 말했다.
"내부 거래 위원회 설치와 함께 모든 관련 계약서를 재검토하겠습니다."

최강혁과 한상진 회계사는 회계 이슈를 점검했다.
"K-IFRS 컨버전과 내부회계관리제도 도입이 시급합니다. 현재 일부 계정과목에서 일관성이 부족하고, 패스트 이노베이션 자회사와 미국 법인과의 연결재무제표 작성 기준도 표준화해야 합니다."

IFRS 컨버전

예비진단이 진행되면서 또 다른 중요한 이슈가 부상했다. 바로 K-IFRS(한국채택국제회계기준) 전환 문제였다.

AURION의 자문을 하고 있는 미래 회계법인인 한상진 회계사가 설명했다.
"현재 AURION은 일반기업회계기준을 적용하고 있는데, 상장을 위해서는 K-IFRS로의 전환이 필수입니다. 특히 미국 법인과의 연결재무제표 작성 때문에 더욱 복잡해집니다."

최강혁이 고개를 끄덕이며 물었다.
"구체적으로 어떤 부분들이 문제가 되나요?"

"여러 영역에서 회계처리 방식이 완전히 달라집니다."

한상진 회계사가 자료를 펼치며 설명했다.

"첫 번째로 수익 인식 기준이 5단계 모델로 바뀝니다. 기존의 완성 기준이나 진행 기준과는 완전히 다른 체계죠."

서유진이 우려를 표했다.

"우리 기술 라이선스 계약들도 영향을 받나요?"

"네, 상당한 영향이 예상됩니다."

한 회계사가 답했다.

"고객과의 계약을 식별하고, 수행 의무를 구분한 후, 거래가격을 산정해서 수행 의무별로 배분하는 과정을 거쳐야 합니다. 해외법인과의 복합 계약들은 특히 세심한 검토가 필요합니다."

■: 연결재무제표의 복잡성

김도윤 부장이 추가 설명을 했다.

"더 복잡한 것은 연결재무제표 작성입니다. AURION 본사, 패스트 이노베이션, 그리고 미국 합작법인까지 세 개 법인의 재무제표를 하나로 통합해야 합니다."

최강혁이 계산기를 두드리며 물었다.

"각각 회계기준이 다를 텐데요?"

"맞습니다. 본사와 패스트 이노베이션은 K-IFRS로 전환해야 하고, 미국 법인은 US-GAAP을 K-IFRS로 조정해야 합니다. 환율 변동에 따른 외화환산손익, 내부

거래 제거, 지분법 평가 등 고려해야 할 요소가 많습니다."

김민지가 실무적인 관점에서 질문했다.
"시스템 전환은 어느 정도 시간이 걸릴까요?"

한상진 회계사가 현실적인 일정을 제시했다.
"최소 6개월은 필요합니다. ERP 시스템 업그레이드, 계정과목 재분류, 회계정책 수립, 그리고 무엇보다 과거 데이터의 재작성이 필요하거든요. 특히 패스트 이노베이션 인수 관련 영업권 계산과 공정가치 배분이 복잡합니다."

■ 핵심 이슈들

류강준이 정리를 요청했다.
"가장 우선적으로 해결해야 할 이슈들을 정리해 주세요."

한상진 회계사가 체계적으로 설명했다.
"첫 번째, 수익인식 기준 변경으로 인한 매출 재계산이 필요합니다. 둘째, 미국 JV 지분법 평가와 관련된 투자손익 재산정, 셋째, 패스트 이노베이션 인수 시 발생한 영업권과 무형자산의 공정가치 재평가, 넷째, 리스 회계 적용으로 인한 사용권 자산과 리스 부채 인식이 필요합니다."

최강혁이 재무적 영향을 우려했다.
"이런 변경들이 재무비율에 미치는 영향은 어느 정도인가요?"

"예비 계산 결과, 총자산이 약 15% 증가하고 부채비율이 다소 상승할 것으로 예상됩니다. 다만 수익성 지표는 크게 변하지 않을 것 같습니다."

지정감사 신청 준비

　IFRS 컨버전 이슈와 함께 또 다른 중요한 절차가 기다리고 있었다. 바로 지정감사 신청이었다.

　김도윤 부장이 설명했다.
　"상장을 위해서는 지정감사를 받아야 합니다. 2026년 하반기 상장예비심사 신청을 진행하려면 FY25 지정감사를 수검하거나, FY26 반기 또는 분기 지정감사를 수검한 후 신청해야 합니다. 분·반기 지정감사의 경우 통상 해당 분기 종료일 3개월 전까지 감독원에 신청서를 제출해야 하며, 상장예비심사청구서 제출 전에 지정감사가 완료되어야 합니다."

　최강혁이 일정을 확인했다.
　"그럼 지금부터 준비해야겠네요. 지정감사 절차는 어떻게 되나요?"

　"감독원에서 회계감사인을 지정해 주는 제도입니다."
　김도윤 부장이 자세히 설명했다.

　"상장을 앞둔 기업은 독립적이고 객관적인 감사를 받기 위해 반드시 거쳐야 하는 절차죠."

지정감사 요건 검토

　류강준이 구체적인 내용을 물었다.
　"어떤 서류들을 준비해야 하나요?"

　"지정감사 신청 시 제출 서류가 상당히 많습니다."

한상진 회계사가 체크리스트를 보여주었다.

"감사인 지정신청서, 상장 절차가 진행 중임을 입증하는 서류로 대표주관계약서, 이사회 의사록, 주주총회 의사록 중 1개, 그리고 직전 사업연도 재무상태표까지 필요합니다."

김민지 인사전략 본부장이 실무적인 질문을 했다.
"지정감사인은 언제쯤 결정되나요?"

"통상 지정 이후 2주 이내에 계약을 체결해야 합니다."
김도윤 부장이 답했다.
"감독원에서 지정된 감사인과 직접 계약을 맺고 감사업무가 시작됩니다."

■ 감사 범위와 일정

최강혁이 감사 범위에 대해 확인했다.
"지정감사는 어떤 범위까지 포함되나요?"

한상진 회계사가 상세히 설명했다.
"감사 범위는 지정을 실시한 해당 사업연도에 한정되며, 필요에 따라 과거 연도 재무제표도 검토할 수 있습니다. 특히 AURION의 경우 패스트 이노베이션 인수와 미국 JV 설립 등 중요한 변화가 있었기 때문에 더 면밀한 검토가 예상됩니다."

서유진이 우려를 표했다.
"기술 관련 부분도 감사를 받게 되나요?"

"네, 무형자산 평가와 R&D 비용 처리, 그리고 기술 라이선스 수익 인식 등이 중점 검토 대상이 될 것입니다." 한 회계사가 답했다. "특히 미국 고객사와의 복잡한 계약구조는 상당한 시간이 걸릴 것 같습니다."

■■ 내부 준비 체계

류강준이 내부 대응 방안을 논의했다.
"지정감사에 대비해서 우리 내부적으로 어떤 준비를 해야 할까요?"

김도윤 부장이 체계적인 준비 방안을 제시했다.
"먼저 지정감사 대응팀을 구성해야 합니다. 회계팀, 재무팀, 법무팀, 그리고 각 사업부문 담당자들이 참여하는 TF팀이 필요합니다."

최강혁이 구체적인 역할을 정리했다.
"회계 관련 자료 준비는 제가 총괄하고, 기술 관련 부분은 서유진 CTO님이, 영업 관련은 이현수 본부장님이 담당하시면 될 것 같습니다."

■■ 예상 이슈와 대응

한상진 회계사가 예상되는 주요 검토 포인트를 정리했다.
"지정감사에서 중점적으로 검토될 부분들을 미리 준비해 두겠습니다."

김민지가 추가 질문을 했다.
"혹시 감사 과정에서 문제가 발견되면 어떻게 되나요?"

"경미한 사항은 조정을 통해 해결할 수 있지만, 중대한 문제가 발견되면 상장 일정에 영향을 줄 수 있습니다."
김도윤 부장이 현실적으로 설명했다.

"그래서 사전 준비가 중요합니다."

신청서 제출 결정

모든 검토를 마친 후 류강준이 최종 결정을 내렸다.

"FY26 반기 지정감사를 수검하는 방향으로 진행하겠습니다. 모든 팀에서 관련 자료 준비에 차질이 없도록 협조해 주시고, 특히 회계팀은 김도윤 부장님과 한상진 회계사님과 긴밀히 협력해서 완벽한 준비를 해주세요."

지정감사는 AURION이 공개기업으로 거듭나기 위한 또 하나의 중요한 관문이었다. 투명하고 정확한 재무 보고 체계를 구축하여 시장의 신뢰를 얻는 첫 번째 시험대인 셈이었다.

재무구조 개선

실사팀은 특히 재무 부문을 집중적으로 점검했다.

"재고자산 관리가 상장심사의 핵심입니다."
김도윤 부장이 중요성을 강조했다.

"자산의 실체성, 회전율, 평가의 투명성이 모두 심사 관문입니다. 특히 최근 IPO 시장에서 재고자산 손상차손 및 충당금 관련 이슈로 상장이 연기되는 사례가 늘고 있습니다."

최강혁은 즉시 개선 작업에 착수했다.

〈 재무구조 개선 과제 〉

- 생산-재무 통합 시스템 구축
- AI 기반 수요예측으로 재고 최적화
- 매출채권 회수 관리 시스템 도입
- 순운전자본 효율성 제고
- 미국 법인 연결 회계 시스템 정비

서유진 CTO와 김도진 생산본부장이 협업하여 생산량과 재고량을 실시간 연동하는 통합 ERP 시스템을 구축했다.

이현수 기술 영업 본부장은 영업관리팀과 함께 고객 신용도 평가 시스템을 도입해 매출채권 관리 체계를 강화했다.

■ 실사 완료와 개선 계획

4개월간의 예비실사가 완료되었다. 최종 실사 보고서에는 개선 사항과 함께 향후 일정이 명시되었다.

〈주요 개선 사항〉

- 사외이사 2명 선임(기후테크 전문가, 법률 전문가)
- 특수관계인 거래 3건 정리 및 내부통제시스템 구축 및 운영
- 내부회계관리제도 도입 및 운영 실태 점검
- 공시 전담 조직 신설 및 담당자 교육 완료

김도윤 부장이 다음 단계를 안내했다.

48 주관사 선정 전략

IPO 주관사는 상장 과정의 핵심 파트너로, 실사부터 공모까지 모든 단계를 함께하는 전략적 조언자다. 주관사 선정은 상장 성공 여부를 좌우하는 중요한 결정이므로, 체계적인 평가 기준과 선정 프로세스가 필요하다. 올바른 주관사 선택이 IPO 성공의 첫걸음이다.

IPO 주관사 선정을 위한 핵심 실무 전략

1. 주관사의 핵심 역할과 책임

- **실사 및 컨설팅** : 상장 관련 제반 컨설팅과 신청 전 프로세스 대응을 수행한다. 기업의 상장 적격성을 종합적으로 점검하고 개선 방안을 제시한다.
- **상장예비심사 지원** : 상장 관련 제반 서류 준비 및 제출, 거래소 예비심사 대응, 서류심사와 현장심사 과정에서 이슈 대응 및 솔루션 도출을 담당한다.
- **공모 및 가격 산정** : 증권신고서 작성 지원, 공모가 산정, 수요예측 과정을 주도하며 적정한 기업가치평가를 통해 성공적인 공모를 이끈다.
- **사후 관리** : 리서치 보고서 발간, Post IPO/IR 지원 등 상장 이후에도 지속적인 파트너십을 유지한다.

2. 일반적인 주관사 선정 기준

- **리그테이블** : 공모 규모와 건수 기준으로 주관사 순위를 확인한다. 상위권 주관사일수록 대형 딜 경험과 시장 영향력이 크다.

- **승인율** : 상장 트랙별, 시장별, 업종별 예비심사 승인율을 분석한다. 높은 승인율은 해당 주관사의 전문성과 거래소와의 원활한 소통 능력을 의미한다.
- **수수료 및 밸류에이션** : 주관 수수료의 합리성과 제시하는 기업가치가 현실적이고 경쟁력이 있는지 평가한다.
- **조직 역량** : 전담팀의 인력 구성, 딜 경험, 업종별 전문성을 종합적으로 검토한다.

3. 요소별 주관사 역량 평가

- **리그테이블(공모 규모, 건수 등)** : 최근 3년간 IPO 주관 실적과 시장 점유율을 확인한다. 대형 딜 경험이 있는 주관사가 복잡한 이슈 해결 능력이 뛰어나다.
- **승인율** : 기술특례상장, 이익미실현상장 등 해당 상장 트랙에서의 성공률을 중점 확인한다. 85% 이상의 승인율을 보이는 주관사가 바람직하다.
- **안전성** : 공모가의 90% 수준에서 풋백옵션 의무가 있어 주관사 리스크 관리 능력이 중요하다. 상장 후 주가 안정성 트랙 레코드를 검토한다.

4. 세부 평가 항목

- **관계 역량** : 상장예비심사 단계에서 거래소와의 소통 능력, 이슈 발생 시 대응 역량을 확인한다.
- **상장 준비 지원정도** : 상장 준비를 위한 사전 컨설팅, 내부통제 정비 지원, IFRS 컨버전 지원 등 종합적 서비스 제공 능력을 평가한다.
- **TF 인력 구성** : 담당 MD, 실무진의 경력과 전문성, 해당 업종에 대한 이해도를 점검한다.

5. 추가 고려 사항

- **혁신 기관 발굴 관점** : 혁신적인 IPO 업체들과의 관계 및 신규 산업 이해도를 평가한다.

6. 업종별 특성화 주관사 선정

- **수수료 등 비용 구조** : 금융기관, 바이오, 게임, 반도체 등 업종별 특성에 맞는 수수료 구조와 서비스를 제공하는지 확인한다.
- **주관사와의 신뢰** : 장기적 파트너십 관점에서 상호 신뢰 관계 구축이 가능한지 평가한다.
- **Pre IPO 투자** : 주관사의 Pre IPO 투자 참여 의지와 능력도 중요한 평가 요소다.
- **회사에 대한 이해도** : 경영진 및 투자자와의 관계, 사업에 대한 이해도를 종합 검토한다.

7. 선정 프로세스와 실무 팁

- **RFP 발송** : 주요 증권사에 입찰 제안서를 발송하고 각 증권사의 제안을 비교 검토한다.
- **프레젠테이션** : 각 주관사의 전략과 역량을 직접 확인할 수 있는 발표 기회를 제공한다.
- **레퍼런스 체크** : 해당 주관사가 주관한 기업의 상장 후 성과와 만족도를 확인한다.
- **계약 조건** : 수수료, 의무 보유 조건, 사후 서비스 등 구체적인 계약 조건을 협상한다.

8. 최신 제도 변화 반영

- **의무 보유 확약 강화** : 2025년부터 기관투자자 배정 물량 중 40% 이상을 확약 기관투자자에게 우선 배정하는 제도가 도입되어, 주관사의 기관투자자 네트워크가 더욱 중요해졌다.
- **주관사 사전취득분 의무 보유** : 코스닥의 경우 가격 괴리율 기준이 50%에서 30%로 축소되고, 최소 의무보유 기간도 1개월에서 3개월로 확대되어 주관사의 책임이 강화되었다.

조언

IPO 주관사는 상장 성공을 함께 만들어 가는 전략적 파트너다. 리그테이블 순위만으로 선정하기보다는 해당 업종에 대한 이해도, 상장 트랙별 전문성, 팀의 역량을 종합적으로 평가해야 한다. 특히 장기적 관점에서 상장 이후에도 지속적인 관계를 유지할 수 있는 파트너를 선택하는 것이 중요하다.

실무 가이드 49 IPO 예비실사

IPO 과정에서 예비실사는 본격적인 상장 절차에 앞서 기업의 현실을 정확히 진단하고 잠재적 리스크를 조기에 발견하는 중요한 관문이다. 성공적인 상장을 위해서는 체계적인 예비실사 준비와 주요 분야별 점검이 필수적이다.

예비실사 성공을 위한 핵심 전략 및 실무 체크포인트

1. 예비실사 준비 및 팀 구성

- **전담팀 구성** : 기업 내부의 재무, 법무, 사업 담당자와 외부 전문 기관(회계법인, 법무법인, 투자은행) 간 원활한 협업체계 구축
- **자료 준비의 체계화** : 기업의 재무 상태, 법적 이슈, 시장 위치 등 주요 정보를 개괄적으로 검토하기 위한 핵심 문서들을 미리 정리하고 표준화된 포맷으로 관리
- **일정 관리** : 예비실사 완료 후 본 실사까지의 타임라인을 고려하여 충분한 검토 기간 확보

2. 주요 실사 분야별 핵심 체크포인트

- **재무 실사 핵심 요소** : 최근 3년간 재무제표 검증, 매출 인식 정책의 적정성, 주요 자산·부채의 실재성, 현금흐름의 지속가능성 점검 등
- **법률 실사 필수사항** : 주주 구조 및 지배구조의 투명성, 핵심 계약관계의 유효성, 지적재산권 보유 현황, 노무 관련 법적 리스크 검토 등
- **사업 실사 중점영역** : 해당 산업 또는 시장환경, 성장추세 및 전망, 경쟁분석을 통한 사업모델의 지속가능성과 경쟁우위 확인 등

3. 리스크 식별 및 대응 방안 수립

- **조기 리스크 발굴** : 예비실사를 통해 확인된 주요 이슈와 잠재적 리스크를 바탕으로 본 실사의 범위와 중점 검토 사항을 결정
- **개선 계획 수립** : 발견된 문제점에 대한 구체적인 해결 방안과 개선 일정을 마련하여 본 실사 이전에 가능한 한 해결
- **투자자 관점 검토** : 투자자들이 우려할 수 있는 요소들을 사전에 파악하고

이에 대한 명확한 설명자료 준비

4. 주관회사와의 협력체계 구축

- **대표주관회사 선정** : IPO 경험이 풍부하고 해당 업종에 대한 전문성을 갖춘 주관회사 선정을 통한 전문적 조언 확보
- **정보공유 체계** : 대표주관회사는 실사 과정에서 투자자 보호 측면에서 우려가 될만한 사항을 미리 확인하고 이를 개선할 수 있는 조언자 역할을 수행하므로 투명한 정보공유 필요
- **커뮤니케이션 프로세스** : 실사 진행 과정에서 발생하는 이슈들에 대한 신속한 의사소통 채널 구축

5. 예비실사 결과 활용 전략

- **본 실사 효율화** : 예비실사에서 확인된 핵심 이슈들을 중심으로 본 실사의 범위와 깊이를 조정하여 시간과 비용 효율성 제고
- **가치평가 기초자료** : 예비실사 결과는 초기 가치평가에 중요한 기초자료로 활용되므로 정확하고 객관적인 평가 수행
- **상장 전략 수립** : 예비실사를 통해 파악된 기업의 강점과 약점을 바탕으로 차별화된 상장 스토리와 IR 전략 개발

조언

예비실사는 문제점을 찾아내고, 기업가치를 정확히 파악하고 최적의 상장 조건을 만들어 가는 과정이다. 철저한 실사를 통해 리스크를 최소화하고, IPO 과정에서 기업가치를 극대화하려는 관점에서 접근해야 한다.

투명성의 시험대 :
지배구조, 회계, 그리고 내부 정비

■■ 지배구조 개편 준비

예비진단에서 도출된 개선 과제들을 본격적으로 해결해야 할 시점이었다. 지배구조 독립성, 회계 투명성, 기술 객관성. 이 세 영역의 정비가 필요했다.

가장 중요한 과제는 이사회 구성의 전면적 개편이었다.

류강준이 직접 민상훈에게 연락을 취했다.
"민 이사님, 상장을 위해 이사회 구성을 전면 개편해야 할 것 같습니다. AURION의 주주이기 때문에 특수관계인 이슈가 있고, 글로벌 사업 확장에 따른 법률 전문성과 기술 분야 전문가가 필요한 상황입니다."

민상훈은 이러한 상황을 충분히 이해했다.
"당연한 선택입니다. AURION의 상장 준비에 맞는 전문가들이 필요하죠. 주주로서 AURION의 상장 성공이 더 중요합니다."

김민지 인사전략 본부장이 새로운 이사회 구성 방안을 제시했다.

■■ 개편된 이사회 구성안

- 사내이사(등기) 4명 : 류강준 대표, 최강혁 CFO, 서유진 CTO, 이아름 CMO

- 사외이사(등기) 2명 : 강윤아 교수(기업지배구조 및 해외 진출 법률 전문), 박준석 박사(기후 기술 전문)

이사회는 핵심 경영진의 참여와 책임성을 강화하고, 상장 규정상 요구되는 등기이사(사내 4·사외 2)는 법적 요건을 충족합니다.

김민지가 구성 이유를 설명했다.

류강준과의 면담에서 두 사외이사 후보 모두 AURION의 비전에 공감했다.

"글로벌 기후테크 기업으로서 해외 법률 리스크를 체계적으로 관리하고, 기업지배구조의 선진화에 기여하겠습니다."

법률 전문가 강윤아 교수가 사외이사로서의 포부를 밝혔다.

이어 환경과학원 원장 출신의 박준석 이사는 "AURION의 기술이 세계 시장에서 지속가능한 영향력을 발휘할 수 있도록, 기술적 방향성과 글로벌 친환경 규제 대응 전략을 함께 이끌겠다"고 덧붙였다.

■ 내부통제시스템 고도화

다음은 내부통제시스템의 전면적 고도화였다. 예비진단에서 지적된 사항들을 체계적으로 개선해야 했다.

최강혁이 개선 계획을 발표했다.

〈 내부통제시스템 고도화 계획 〉

- 전자 결재 시스템 도입 : 모든 지출 승인 프로세스 디지털화
- 내부감사 조직 신설 : 독립적 내부 감사팀 구성

- 리스크관리 위원회 설치 : 사외이사 중심의 리스크 모니터링
- 준법 경영 시스템 구축 : 컴플라이언스 관리 체계화
- 정보보안 시스템 강화 : 상장 기업 수준의 보안 체계

김민지 인사전략 본부장이 조직 개편 방안을 제시했다.

"상장 기업에 적합한 조직 체계로 전환합니다. 각 본부장급이 미등기이사로 참여하여 의사결정의 투명성과 책임성을 동시에 확보하겠습니다."

■ 재무 시스템 개선 성과

- ERP 시스템 고도화 : 실시간 재무 모니터링 대시보드 구축
- 재고관리시스템 정비 : AI 기반 수요예측 연동 시스템
- 매출채권 관리 강화 : 고객 신용평가 시스템 도입
- 순운전자본 최적화 : 현금흐름 예측 정확도 95% 달성

■ 기술평가 준비와 서유진의 역량

기술특례상장의 핵심인 기술평가 현장실사가 마침내 시작됐다. KX거래소가 지정한 이크리더블과 나이스 평가정보 2개 전문 평가기관의 심사를 받아야 했다.

AURION 기술연구소에 평가위원 5명이 도착했다. 서유진 CTO가 평가위원들을 맞이했다.

"AURION의 AI 기반 초정밀 기후 예측 시스템을 직접 시연해 보이겠습니다."

서유진이 시작했다.

대형 스크린에 실시간 기후 데이터가 나타났다.

서유진이 전문적인 설명을 이어갔다.

"이 시스템은 전 세계 47개 기상관측소 데이터를 실시간 수집하여 AI 모델로 분석합니다. 기존 예측 시스템 대비 정확도 34% 향상을 달성했고, 특히 극한 기후 현상 예측에서 98.5%의 정확도를 보입니다."

평가위원 중 한 명이 날카로운 질문을 던졌다.

"기존 독일 Climate Flow나 미국 Weather Tech 대비 차별화 포인트가 무엇인가요?"

서유진이 답했다.

"세 가지 핵심 차별화가 있습니다."

"첫째, 딥러닝 기반 앙상블 모델을 독자 개발했습니다. 기존 시스템들이 단일 예측 모델에 의존하는 것과 달리, 우리는 7개 서로 다른 AI 모델의 결과를 융합해 예측 안정성을 획기적으로 높였습니다."

"둘째, 실시간 자가 학습 시스템입니다. 예측 결과와 실제 기상 상황을 비교하여 모델이 스스로 학습하고 정확도를 지속적으로 개선합니다. 이는 경쟁사들이 따라올 수 없는 우리만의 기술입니다."

"셋째, 글로벌 검증 데이터입니다." 서유진이 가장 중요한 부분을 강조했다. "Shellee America, Kiemens Energy USA와의 실제 프로젝트에서 검증받은 기술입니다. 이론이 아닌 현실에서 입증된 성과입니다."

3시간에 걸친 기술 시연과 질의응답이 끝났다.

▪▪ 기술평가 결과 발표

　한 달 후, 운명의 날이 왔다. 서유진이 류강준의 사무실 문을 조심스럽게 열고 들어왔다.

"대표님..."

그녀가 긴장과 기대가 섞인 목소리로 말했다.

"기술평가 결과가 나왔습니다."

류강준이 자리에서 일어나며 긴장된 눈빛으로 서유진을 바라보았다.

"결과가 어떻게 됐나요?"

서유진의 얼굴에 환한 미소가 번졌다.

"AA등급과 A등급입니다!"

"정말입니까?"

류강준이 믿기지 않는다는 표정으로 물었다.

"네! 이크리더블에서 AA등급, 나이스평가정보에서 A등급을 받았습니다!"

서유진이 흥분을 감추지 못하며 설명했다.

"평가위원들이 '기술의 독창성과 상용화 수준이 글로벌 톱티어'라고 평가했다고 합니다."

류강준이 상기된 목소리로 말을했다.

"서유진 CTO님, 정말 대단합니다."

"혼자 한 게 아닙니다."

서유진이 답했다.

"팀 전체의 노력이었고, 특히 미국 현지 실증 데이터가 결정적이었습니다. 이현수 본부장과 김도진 본부장의 글로벌 사업 성과가 기술 검증의 핵심이었습니다."

김도윤 부장이 축하 인사를 건넸다.

"AA등급과 A등급은 정말 드문 성과입니다."

"올해 기술특례상장 신청 기업 중 AA와 A등급을 받은 곳은 단 2곳뿐입니다. AURION의 기술력이 국가적으로 인정받은 셈이죠."

이 소식이 전해지자, 모든 직원이 환호했다. 13년간의 기술개발 여정이 최고 등급이라는 결실로 이어진 것이었다.

■ 상장예비심사신청서 완성

마지막 단계는 상장예비심사신청서 작성이었다. AURION의 C Level 및 각 본부장들이 전문 분야를 담당했다.

〈 신청서 작성 분담 〉

- 기술 및 R&D 부문 : 서유진 CTO
- 재무 및 내부통제 : 최강혁 CFO
- 조직 및 인사전략 : 김민지 인사전략 본부장
- 생산 및 품질관리 : 김도진 생산 본부장
- 마케팅 및 해외 사업 : 이아름 CMO, 이현수 기술영업 본부장
- 경영 전략 및 비전 : 류강준 대표
- 인수인의 의견 : 나이스투자증권

3개월간의 집중 작업 끝에 총 489페이지의 신청서가 완성되었다.

이 문서는 AURION의 13년간 성장 스토리와 미래 비전을 담은 중요한 선언문이었다. 창업부터 글로벌 확장까지의 모든 성취와 도전이 체계적으로 정리되어 있었다.

실무 가이드 50   IPO 사전 준비 체크포인트

IPO 성공을 위해서는 상장예비심사 신청 이전에 체계적이고 포괄적인 사전 준비가 필수적이다. 이 단계에서는 경영 구조 정비, 회계기준 변경, 내부통제시스템 구축, 회계 감리 대응 등 다양한 영역에서 상장 요건을 충족시켜야 한다.

IPO 사전 준비 단계별 핵심 체크포인트 및 실무 전략

1. 경영의 안정성 및 지배구조 정비

1) 최대 주주 안정화

- **주주 변경 제한**: 상장예비심사 신청일 이전 1년 동안 상장신청인의 최대 주주 변경이 발생하지 않을 것을 요구하므로, 지배구조 안정화를 위한 주주 간 계약서 체결 및 주식매매 제한 조치가 필요하다.
- **보호예수 준비**: 상장신청인의 최대 주주 등이 소유하고 있는 주식은 상장 후 일정 기간동안 매각이 제한되며, 상장예비심사 신청일 전 1년 이내에 최대 주주 등으로부터 주식을 취득한 주주의 지분 역시 보호예수 대상이다.
- **주주 간 협의**: 최대 주주와 특수관계인은 지분 양도 시 해당 사실을 알리고

양수자의 동의를 구해야 하며, 이를 위반시 다른 투자자로부터 해당 주식 수
만큼 매입하여 보호예수 해야 한다.

2) 이사회 및 감사 기구 구성

- **사외이사 선임** : 국내 상장기업은 이사 총수의 1/4 이상의 사외이사를 선임
  해야 하나, 자산총액 1,000억 원 미만 벤처기업의 경우 해당 의무가 면제된
  다. 따라서 자산총액이 1,000억 원을 넘지 않을 것으로 예상되는 벤처기업
  의 경우, 이사 총수의 1/4을 선임하지 않고 내부통제 강화 목적으로 사외이
  사 1인 정도만 선임하여 IPO를 진행하는 경우가 다수 존재한다, 자산총액
  이 2조 원 이상인 상장기업은 3인 이상의 사외이사를 선임하되 이사 총수의
  과반수 이상을 사외이사로 선임한다.
- **사외이사 겸직 제한** : 상장기업의 사외이사는 다른 상장기업의 사외이사직
  을 1개사까지만 겸직할 수 있으므로, 사외이사 선임 시 타 기업 겸직 여부
  반드시 확인한다.
- **감사기구 정비** : 코스닥시장의 경우 상근감사 요건에 해당되는 기업은 상장
  예비심사 신청일 현재까지 상근감사 1인 이상을 선임하거나 감사위원회를
  설치해야 한다. 실무적으로는 상근감사보다 감사위원회를 설치하여 진행하
  는 경우가 더욱 빈번하다.

2. K-IFRS 도입 및 회계기준 변경

1) 회계기준 전환 프로세스

- **전환 타이밍** : IPO 2년 전부터 회계법인을 선정하여 변경하며, 일반적으로
  3개년 재무제표를 IFRS 기준으로 컨버전해야 한다.
- **컨버전 비용** : IFRS로 컨버전하는 비용은 회사의 규모와 수준에 따라 다르
  지만 3~5천만 원 수준이며, 추가적으로 다양한 평가 업무가 필요하다.

- **재무제표 영향** : 회계기준은 대부분 보수적인 시각에서 회계처리를 요구하므로 자산과 수익을 잡는 것에는 조심스럽고 부채와 비용을 잡는 것에는 엄격하여, 기존 재무제표 대비 자산 감소, 부채·비용 증가 가능성이 높다.

2) IFRS 적용 주요 고려 사항

- **매출 인식 기준 변경** : 연결재무제표 작성 대상 법인의 경우 별도 재무제표에 지분법 손익이 미반영되는 문제를 해소하기 위해 자기자본, 법인세 비용 차감 전 계속사업 이익, ROE, 감사 의견 등은 연결재무제표 기준으로 적용한다.

- **공정가치 평가** : IFRS는 원칙 중심의 회계기준으로서 재무제표 작성 난이도가 높고 복잡하며, 특히 수많은 평가 요소가 포함되어 있어 재무제표 작성 비용이 현저하게 높다.

- **IFRS 18 대응** : 2027년부터 시행될 IFRS 18의 손익계산서 개편에 따른 영업손익 표시 방법 변화에 대한 사전 준비가 필요하다.

3. 회계 감리 대응

1) 회계 감리 계획 수립

- **감리 계획 통보** : 대표주관회사는 상장을 희망하는 기업의 상장예비심사 신청 계획을 거래소에 미리 통보해야 하며, 거래소는 상장예비심사 신청 예정 기업 목록을 금융감독원에 전달하여 회계 감리 대상에 포함한다.

- **감리 리스크 관리** : 감리 결과 회계처리 기준 위반행위가 확인되어 증권선물위원회로부터 검찰 고발, 검찰통보, 증권 발행 제한, 과징금 부과 조치를 받은 경우 거래소는 상장예비심사 신청을 기각한다.

- **지정감사 준비** : 상장 추진 중인 회사는 투자자 보호를 위해 공정한 감사가 필요하므로 증권선물위원회에 외부감사인 지정 신청이 필요하다.

4. 내부통제시스템 구축

1) 내부회계관리 제도

- **제도 구축 의무** : 2023년 재무제표부터 모든 상장 기업은 자산규모와 관계없이 내부회계관리제도를 구축해야 하며, 이는 재무제표가 적절하게 작성·공시되었는지에 대한 합리적 확신을 제공하기 위한 내부통제제도이다.
- **내부회계관리자 지정** : 회사는 내부회계관리 규정과 이를 관리·운영하는 조직을 마련해야 하며, 상근이사 중 1인을 내부회계관리자로 지정한다.
- **운영실태 보고** : 회사의 대표자는 사업연도마다 주주총회, 이사회 및 감사(위원회)에게 내부회계관리제도 운영 실태를 보고해야 하며, 감사(위원회)는 매년 운영 실태 평가 결과를 이사회에 보고하고 5년간 본점에 비치한다.

2) 내부통제 3차 방어선 모델

- **1차 방어선** : 현장 최전선에서 실무를 수행하는 직원들과 중간관리자들의 일상적 통제 활동이다.
- **2차 방어선** : 컴플라이언스 조직(준법감시인)의 위험관리 및 규정 준수 감독 활동이다.
- **3차 방어선** : 내부감사 기구의 독립적 확인 및 평가 활동을 통한 객관적 확신을 제공한다.

3) 정관 및 규정 정비

- **의사결정 절차** : 각종 사업 의사결정이 상법과 정관에 따라 적법한 절차를 거쳐 진행될 수 있도록 투명하고 견고한 지배구조 및 내부통제장치 구축한다.
- **회사 운영 제도** : 회사를 지탱하는 투명하고 견고한 지배구조와 내부통제장치, 이를 기록한 문서의 중요성을 인식하고 체계적으로 관리한다.

5. 상장 교육 이수 및 사무 인프라 정비

1) 상장 교육 의무 사항

- **교육 과정** : 경영자 과정(총 9과목, 8시간)과 전문가 과정(총 10과목, 18시간)으로 구분되며, 코스닥 상장예비심사 신청 기업은 해당 교육 수료증을 필수로 제출해야 한다. 단, 코스닥시장 상장 규정상 대형 법인에 해당하는 경우 면제가 가능하다.
- **교육 내용** : 상장 심사기준, 공시의무, 상장사 준수사항 등 상장 기업으로서 준수해야 할 사항을 사전 교육을 진행한다.
- **신청 방법** : 한국거래소 홈페이지에서 상장 교육 섹션 내 컨설팅 메뉴에서 신청 가능

2) 명의개서 및 주식 사무 정비

- **명의개서 대행 회사 선임** : 거래소는 주식 사무를 전문적으로 대행하는 명의개서 대행 회사를 선임토록 하고 있으며, 국내에서는 한국예탁결제원, 국민은행, 하나은행이 명의개서 대행 업무를 수행한다.
- **전자증권 전환** : 상장 후 주식의 매매 거래가 빈번해지면 기업이 직접 주주명부나 주권을 관리하기 어려우므로 전자증권 체계로의 전환이 필요하다.
- **우리사주제도** : 근로자복지기본법에 의거 근로자의 경제적·사회적 지위 향상과 노사협력을 증진하기 위하여 근로자가 자사주를 취득하게 하는 제도 도입을 검토한다.

6. 정관 변경 및 사후 규정 정비

1) 정관 변경 사항

- **상장법인 대응** : 상장법인으로서 준수해야 할 법적 요구사항을 반영한 정관 개정한다.

- **경영상 중요 변화** : 소규모합병을 제외한 합병, 분할 또는 분할합병, 영업의 전부 또는 중요한 영업 일부의 양수도 등 경영상 중요한 변화가 발생한 경우에는 당해 사업연도의 결산재무제표를 확정한 후에 상장예비심사 신청이 가능하다.
- **공시제도** : 상장 후 투자자 보호를 위한 적시 공시, 정기 공시 등 공시의무 이행을 위한 내부 절차 및 시스템을 구축한다.

2) 의무보유 및 공시 준비

- **의무보유 확약** : 기관투자자의 의무 보유 확약 위반, 미청약·미납입 등에 대한 제재 강화 추세를 고려한 투자자 관리 방안을 수립한다.
- **수요예측 대응** : 수요예측 참여자격 강화 및 기업가치평가 역량이 부족한 소규모 기관투자자들의 참여 제한 정책 변화에 대한 대응방안을 마련한다.

7. 사전 준비 사항 요약

구분		주요 내용	목적 및 대응방안	근거	적용시기
1	경영의 안정성	안정적인 최대주주 지분율 확보 복층 지배구조의 해소	• 최대주주 지분율이 33.44%~66.66%가 되도록 공모구조 협의 • 상장예비심사 승인일로부터 3일내 보호예수 실시	• 코스닥시장 상장규정	상장예비심사 승인일로부터 영업일로 3일내
2	이사회 구성 및 운영	사외이사 및 감사 선임 독립적인 경영관리 체제 구축	• 상법 상 적격한 사외이사 및 감사의 구성 필요 • 임원 겸직의 해소	• 상법 • 코스닥시장 상장규정	상장예비심사 청구 전
3	이해관계자 거래	부의 이전 이슈를 사전에 해소	• 이해관계자 거래에 관한 통제규정 제정 및 운영 • 이해관계자 거래에 대한 동기의 타당성, 절차의 완전성, 조건의 적정성에 대한 근거를 마련	• 상법 • 코스닥시장 상장심사 가이드	상장예비심사 청구 전
4	회계 관련 / 지정감사	지정감사인 지정신청 및 회계감사 수감	• 지정감사 수감	• 주식회사 외부감사에 관한 법률	상장예비심사 청구 전
	회계 관련 / K-IFRS/ 내부회계관리제도	최근 사업연도 K-IFRS 및 내부회계관리제도 도입	• 빠른 시일 내에 K-IFRS 도입으로 효과 분석 필요 • 감사보고서에 내부회계관리제도에 대한 검토의견	• 주식회사 외부감사에 관한 법률	상장예비심사 청구 전
5	정관 및 사규 정비	상장기업요건에 부합하도록 정관 및 사규 정비	• 상장기업으로써 관련 법규에 부합하도록 상장예비심사 청구 전 제·개정 및 운영 • 주식 양도의 제한이 없도록 변경 필요	• 코스닥시장 상장규정 • 상법 등 관련 법규	상장예비심사 청구 전 주관회사 협의
6	상장교육 이수 (코스닥 시장)	코스닥 시장 상장지원센터 주관 상장교육 이수 필수	• 코스닥 시장 상장예비심사 청구 전 실무자, 경영자 교육 이수 후 교육 수료증을 필수 첨부서류로 제출	• 코스시장 상장규정	상장예비심사 청구 전
7	공시조직 설치	상장 후 충실한 공시 위한 조직 및 규정 구축	• 공시의무사항에 대한 신고를 위하여 1인 이상의 공시책임자와 공시대리인을 각각 지정하여야 함	• 코스시장 상장규정	상장예비심사 청구 전
8	명의개서대리인 선임	주식사무를 대행할 명의개서 대리인 선임	• 통일규격 유가증권의 발행 • 보호예수를 위한 예탁 등을 위해 선임	• 코스시장 상장규정	상장예비심사 청구 전

조언

  IPO 사전 준비는 최소 1~2년의 장기 프로젝트로 접근해야 한다. 특히 회계기준 전환, 지배구조 정비, 내부통제시스템 구축은 단기간에 완성할 수 없으므로 체계적인 로드맵과 전담 TF팀 구성이 필수적이다. 많은 기업이 상장 직전에 급하게 준비하다가 예비심사 기각이나 일정 지연을 겪는다. 각 항목 별로 전문가(회계법인, 법무법인, IR 컨설팅사)의 도움을 받되, 최종 책임은 경영진이 지고 내재화해야 한다. 특히 IFRS 전환 시 자산 감소와 비용 증가로 재무 지표가 악화될 수 있으므로, 이를 감안한 공모가 밴드 설정과 IR 스토리 준비가 중요하다. 상장은 목표가 아니라 새로운 시작임을 명심하고, 상장 후 지속 가능한 성장을 위한 체질 개선의 기회로 삼아야 한다.

신청서가 말해주는 것 :
비전과 실증의 선언

■ 최종 검토와 완성

AURION IPO TF팀 회의실 오전 9시, 테이블 위에는 수백 페이지 분량의 신청서 초안이 체계적으로 정리되어 놓여 있었다. 팀원들은 각자 담당 영역의 최종 검토에 들어갔다.

서유진 CTO가 기술 부문 점검 결과를 먼저 보고했다.

"기술 및 제품 설명 부분에 최신 특허 현황을 반영했습니다. R&D 투자 비율 차트와 함께 기술평가 결과도 포함했습니다."

그녀의 목소리는 침착했지만, 밤새 작업한 흔적으로 피곤함이 살짝 묻어났다.

최강혁 CFO가 재무 자료를 넘기며 이어갔다.

"자본금 변동 사항과 주식 발행 내역 정리를 마쳤습니다. 재무제표 3개년 추이 분석에서 작년 4분기 매출 급증 부분은 미국 JV 효과로 명확히 설명했고, 2026년 반기와 3분기 재무제표 검토 의견서도 준비됐습니다."

그가 손가락으로 차트의 특정 지점을 가리키며 설명했다.

이아름 CMO는 시장성 분석 자료를 펼쳐놓고 말했다.

"시장 점유율 예측 모델링 재검토가 완료됐습니다. 글로벌 확장 로드맵에서 아시아와 유럽 시장 진입 전략을 더 구체화했습니다."

마케팅 관점에서의 분석이 돋보였다.

김민지 인사전략 본부장이 조직 관련 서류를 정리하며 보고했다.
"조직도에 신규 채용 예정 인력까지 모두 반영했습니다. 스톡옵션 발행 내역과 임·직원 지분 현황에 대한 최종 검증도 마쳤습니다."

김도진 생산 본부장이 마지막으로 운영 부문을 점검했다.
"생산 설비 가동률과 원가 구조 분석이 완료됐습니다. 품질관리 시스템 인증 서류와 미국 공장 실적 자료도 모두 첨부했습니다."

■■ 경영권 안정화 검증

김민지가 핵심적인 이슈를 제기했다.
"지분 구조에 대한 면밀한 검토가 필요합니다. 거래소에서 경영권 안정성을 집중적으로 검증할 예정이니까요."

김도윤이 지분 구조 분석표를 테이블 중앙에 펼쳐 보였다.

"현재 류강준 대표님의 지분은 46.8%입니다. Seed부터 Pre-IPO까지 총 5차례에 걸친 투자를 받았고, 임·직원 스톡옵션으로 8.2%를 배정한 상태입니다."
그가 차트의 각 항목을 가리키며 정확한 수치를 제시했다.

류강준이 몸을 앞으로 기울이며 물었다.
"공모 이후 지분율은 어떻게 변동되나요?"

"공모 비중을 전체 발행주식의 25%로 설정할 경우, 대표님 지분이 34.1%로 조정됩니다."

최강혁이 노트북 화면의 시뮬레이션 결과를 보여주며 설명했다.

김도윤이 법률적 관점에서 해석을 덧붙였다.
"34.1%라면 주주총회에서 충분한 의결권을 확보하게 됩니다. 경영권 행사에 전혀 문제없는 수준입니다."

"우호 지분 현황은요?"
류강준의 질문이 이어졌다.

최강혁이 우호 지분 현황표를 넘기며 답했다.
"L-에너지가 8.5%, 주요 기관투자자들이 12.3%를 보유하고 있습니다. 이들과의 협력관계를 감안하면 실질적 경영권 안정성은 55% 이상으로 평가됩니다."

김도윤이 거래소 심사 기준을 부연 설명했다.
"거래소에서는 대주주 지분율이 20% 미만일 때 우호 지분 확보 계획서를 별도로 요구합니다. 하지만 34.1%면 경영권 불안정성과는 거리가 멉니다. 오히려 안정적인 지배구조를 갖춘 것으로 평가받을 겁니다."

상장 요건 완비 및 조언

이사회에서는 상장을 위한 제반 사항들을 재점검했다. 주식 수 확대를 위한 액면분할과 무상증자, 정관 내 수권주식 수 변경, 명의개서대리인 선임, 상장 교육 이수, 공시 책임자 등록까지 모든 상장 요건이 완료된 상태였다.

김도윤이 서류를 정리하며 종합적인 평가를 하였다.
"외부 전문가 관점에서도 충분히 완성도 높은 문서로 판단됩니다. 다만 한 가지

유의해야 할 점이 있습니다."

그의 시선이 류강준에게 향했다.

"상장예비심사신청서 제출 후 심사 과정에서 킥오프 미팅이 있습니다. 2026년 들어 심사 기준이 더욱 엄격해졌습니다. 비전을 구체적 수치로 뒷받침하지 못하면 추상적 계획으로 치부될 가능성이 높습니다."

■ 역사적 순간

2026년 11월, 서울 여의도 KX거래소 본관 앞에 선 류강준과 최강혁의 발걸음에는 13년간의 여정이 고스란히 담겨 있었다.

손에 든 서류 가방 안에는 수십 명의 집중적인 작업과 1년 6개월간의 IPO 준비 과정이 집약된 '상장예비심사신청서'가 들어 있었다.

KX거래소 본관 5층 상장심사실 접수 창구 앞에서 류강준은 잠시 심호흡을 했다. 다른 회사 담당자들이 서류를 제출하는 일상적인 풍경이었지만, AURION에게는 운명이 걸린 순간이었다.

"AURION 상장예비심사신청서를 제출하러 왔습니다."

접수 담당자가 서류를 받아 들며 체크리스트를 확인했다.

"네, 접수가 완료되었습니다. 접수 번호는 2025-코스닥-173번이고, 심사 결과는 통상 45영업일 내에 통보해 드립니다."

이제 정말로 공식적인 심사가 시작되는 것이었다.

거래소를 나서며 류강준은 여의도 거리를 내려다봤다. 점심시간이라 직장인들이 바삐 오가고 있었다.

되돌릴 수 없는 길에 접어들었다. 두려움보다는 홀가분한 마음이 앞섰다. 모든 준비를 마쳤고, 이제는 심사에 온전히 집중하면 되는 상황이었다.

실무 가이드 51 유통 주식 수 확보를 위한 자본 전략

IPO 성공 후 기업가치 극대화와 주식 유동성 확보를 위해, 상장예비심사신청서 제출 전 적절한 유통 주식 수를 확보하는 것은 매우 중요하다.

유통 주식 수 확보의 중요성

- **거래 활성화** : 개인, 기관, 외국인 투자자 등 다양한 투자자들이 쉽게 거래할 수 있도록 충분한 주식 수가 시장에 풀려 있어야 한다. 이는 주가의 적정한 형성에도 기여한다.
- **주가 안정성** : 소수의 주식만 유통될 경우, 소량의 매매에도 주가가 크게 변동될 수 있어 불확실성을 높인다. 충분한 유통 주식 수는 주가 변동성을 완화하는데 도움을 준다.
- **주식 분산 요건 충족** : 한국거래소는 IPO 시 '주식 분산 요건'을 심사한다. 특정 소수 주주에게 주식이 편중되지 않고, 폭넓게 분산되어 있는지를 평가한다.

유통 주식 수 증가를 위한 주요 방법 및 이슈

1. 액면분할

- **개념** : 주식의 액면가를 일정 비율로 분할하여 주식 수를 늘리는 방법이다. (예 : 액면가 5,000원 주식 1주를 500원 주식 10주로 분할)
- **특징** : 자본금의 변화 없이 주식 수만 늘어나므로, 기업의 순자산 가치에는 변화가 없다. 주당 가격을 낮춰 투자자들의 접근성을 높일 수 있다.

2. 무상증자

- **개념** : 회사의 잉여금(자본잉여금, 이익잉여금)을 재원으로 주식을 발행하여 기존 주주들에게 무상으로 나누어주는 방법이다. 주식발행초과금 등이 자본금으로 전환되므로 자본금은 증가하나, 자기자본 총액은 변화가 없다.
- **특징** : 기업의 자본금은 늘어나지만, 순자산의 변화 없이 주식 수만 늘어난다. 주당 가격을 낮춰 유동성을 높일 수 있으며, 주주 친화적인 정책으로 인식될 수 있다.

3. 정관 변경

- **필요성** : 액면분할이나 무상증자를 통해 발행주식 수를 늘리려면, 현재 정관에 명시된 '수권주식 수(Authorized Shares)'(회사가 발행할 수 있는 주식의 총수)를 초과하지 않도록 미리 변경해야 한다. 수권주식 수 변경은 정관 변경으로 주주총회를 거쳐야 한다.
- **고려 사항** : 향후 추가적인 자금 조달 및 주식 발행 계획까지 고려하여 충분한 수권주식 수를 확보하는 것이 중요하다.

유통 주식 수 확보 전략은 IPO 시 기업가치 평가와 공모 흥행에 직접적인 영향을 미친다. 주관사와 긴밀히 협의하여 회사의 성장 단계, 재무 상태, 시장 상황 등을 종합적으로 고려한 최적의 방안을 선택해야 한다. 이는 상장 후 주가 관리와 투자자 관계 관리에도 중요한 기반이 된다.

Chapter 8

정상의 문턱에서

AURION은 IPO 심사의 난관에 직면한다. KX거래소의 킥오프 미팅부터 시작된 검증 과정에서 7차례에 걸친 보완 요청을 받으며 서류 전쟁을 치러야 한다. 그러나 진짜 위기는 네오테크의 기술 탈취 소송과 동시다발적 언론 공세로 찾아온다. 오윤서 대표의 치밀한 계획에 따라 진행된 이 공격은 AURION의 상장을 무산시키려는 전략적 의도를 담고 있었다. 하지만 디지털 포렌식을 통한 결정적 증거 발견과 정태수의 양심 고백, 그리고 녹음 파일 공개로 완전한 반전이 일어나며, 결국 법정에서의 극적인 승리와 상장 예비심사 승인이라는 결말을 맞이한다.

첫인상의 중요성 :
KX거래소 킥오프 미팅

■ Kick-Off 미팅 준비 및 주관사의 전략적 조언

나이스투자증권 IPO 전담 회의실에서 김도윤 부장이 킥오프 미팅 준비 브리핑을 시작했다.

"킥오프 미팅의 핵심은 KX거래소 심사팀이 AURION을 완전히 이해하게 만드는 것입니다."

그가 화이트보드에 구조도를 그리며 설명했다.

"30분이라는 짧은 시간 안에 회사의 모든 것을 명확하게 전달해야 합니다."

김도윤은 필수 구성 요소들을 체계적으로 짚어갔다.

"발표 구성은 다음과 같습니다.

첫째, 비전과 시장동향입니다. 왜 기후테크인지, 시장 규모가 얼마나 큰지 명확히 보여주어야 합니다.

둘째, 사업 소개. 공공부문과 민간부문 사업을 구분해서 어떤 유형의 사업을 하는지 설명해야 합니다.

셋째, 경쟁 현황과 비즈니스 모델. 경쟁사와의 차이점과 수익 창출 방식을 명확히 해야 합니다."

"넷째, 제품 소개와 핵심경쟁력도 중요합니다." 김도윤이 중요성을 강조했다. "ClimateGuard, AgroWeather, LogiClimate 제품 및 서비스에 대한 개념과 특징이 무엇인지, 왜 AURION 만이 할 수 있는지 보여주어야 합니다.

다섯째, 성장 전략입니다. 미국 진출 성과와 향후 글로벌 확장 계획, 그리고 신규 사업 개발 로드맵을 구체적으로 제시해야 합니다. 마지막으로 손익현황입니다. 매출 구조와 성장성을 숫자로 증명할 수 있어야 합니다."

류강준이 핵심 사항을 확인하고자 질문을 했다.
"가장 중요한 포인트는 무엇입니까?"

"심사역의 눈높이에 맞춰 설명하는 것입니다. 기술적 디테일보다는 사업의 본질을 이해시키는 것이 관건입니다. 만약 심사역이 AURION이 무엇을 하는 회사인지 파악하지 못하면, 이후 심사 과정이 매우 어려워집니다."

그날부터 류강준 주도하에 집중적인 리허설이 시작됐다. 김도윤이 가상 심사역 역할을 맡아 예상 질문들을 던졌다.

"경쟁사 대비 매출 지속성의 근거는 무엇입니까?"
"글로벌 AI 기후테크 시장에서 AURION의 차별화 전략은 무엇입니까?"

KX거래소 Kick-Off 미팅

KX거래소 7층 회의실 앞, 류강준은 유리문 넘어 서울 시내 전경을 바라보며 긴장된 마음을 진정시키고 있었다. 서유진 CTO, 최강혁 CFO, 이아름 CMO가 각자 손에 든 자료를 마지막으로 점검하며 옆에 서 있었다.

계속해서 야근이 이어졌지만, 지친 기색을 찾아볼 수 없었다. 모두가 프레젠테이션에 최적화된 상태였다. 심사역과의 첫 대면, 운명을 가를 킥오프 미팅이 임박했다.

회의실 안 공기는 무겁고 차분했다.

심사팀장과 두 명의 심사역이 이미 자리를 잡고 있었다. 40대 초중반으로 보이는 이들은 겉으로는 정중했지만, 눈빛과 행동 하나하나에서 오랜 경험을 가진 전문가의 날카로움이 느껴졌다.

한 명은 태블릿을 손가락으로 빠르게 넘기며 실시간 데이터를 확인하고 있었고, 다른 한 명은 두꺼운 서류철을 펼쳐놓고 핵심 부분마다 형광펜을 그으며 세심하게 짚어나갔다. 작은 소리조차 회의실의 긴장된 공기를 흔드는 듯했다.

"안녕하십니까, AURION 대표 류강준입니다."
류강준의 목소리는 낮고 차분했지만, 그 속에는 흔들림 없는 확신이 깃들어 있었다.

■■ 핵심 중심의 발표

"기후 위기 시대, 우리 일상에 직접 영향을 주는 정밀 기상 예측 AI 솔루션을 소개하겠습니다."

PPT 첫 장에는 올해 일어난 기후 재해들이 4분할로 나타났다. 강원도 강릉 가뭄으로 말라버린 저수지, 강원도 고성 산불로 검게 탄 산림, 광주 폭우로 침수된 도심, 부산 폭염으로 아스팔트가 녹아내린 도로가 실제 사례로 제시되었다.

"올해만 봐도 이와 같습니다."

류강준이 심사역들과 눈을 맞추며 차근차근 설명했다.

"강릉 가뭄으로 농가 피해 200억 원, 고성 산불로 산림 2,000헥타르 소실, 광주 폭우로 상가 침수 피해액 150억 원, 부산 폭염으로 온열질환자 3,000명이 발생했습니다. 이 모든 것을 미리 예측해서 피해를 줄일 수 있는 것이 AURION의 핵심 역할입니다."

두 번째 슬라이드에는 사업 부문과 제품이 명확하게 정리되어 있었다.

"AURION의 사업 부문과 제품을 소개하겠습니다."

류강준이 체계적으로 설명했다.

"첫째, 공공부문 사업입니다. 지자체를 대상으로 재해 예방 솔루션을 제공하고 있습니다. 부산시의 폭염 대응 시스템, 광주시의 침수 예방 시스템이 대표 사례입니다. 둘째, 민간부문 사업입니다. 기업을 대상으로 맞춤형 기후 리스크 관리 서비스를 제공합니다. 농업, 물류, 건설 분야가 주요 고객입니다."

세 번째 슬라이드에는 구체적인 제품 라인업이 소개되었다.

"주요 제품은 세 가지입니다."

류강준이 제품별로 구분해서 설명했다.

"첫째, ClimateGuard는 지자체용 통합 재해 관리 플랫폼으로, 예측부터 대응까지 원스톱 서비스를 제공합니다. 둘째, AgroWeather는 농업 전용 기후 분석 솔루션으로, 작물별 최적 관리 시점을 알려드립니다. 셋째, LogiClimate은 물류·건설업체용 날씨 리스크 관리 시스템으로, 운송 경로 최적화와 공사 일정 조정을 지원합니다."

네 번째 슬라이드에는 핵심 기술력이 강조되었다.

"AURION의 기술적 차별화는 자체 제조하는 나노센서 모듈에 있습니다."

류강준이 기술력을 부각시켰다.

"초소형 나노센서를 직접 설계하고 생산하여 전국 2,800개 지점에 설치했습니다. 이를 통해 실시간으로 온도, 습도, 기압, 풍속, 미세먼지까지 정밀하게 측정하고 있습니다. 기존 기상청 관측소는 전국에 600개 정도인데, AURION은 5배 밀도의 관측망을 운영하고 있습니다."

다섯 번째 슬라이드에는 매출 구조에 관한 정보가 제공되었다.

"작년 매출을 분석하면…"

류강준이 파이 차트를 가리키며 설명했다.

"공공부문 30%, 민간 부문 70%입니다."

여섯 번째 슬라이드에는 AURION의 3가지 핵심 경쟁력이 나열되어 있었다.

"AURION만의 경쟁력입니다."

류강준이 손가락으로 항목을 하나씩 짚어가며 강조했다.

"첫째, 전국 2,800개 자체 센서 네트워크로 실시간 데이터를 직접 수집하여 예측 정확도가 높습니다. 둘째, 13년간 축적된 한국형 기후 데이터베이스로 해외 기업들이 흉내 낼 수 없는 우리만의 자산을 보유하고 있습니다. 셋째, 경쟁사들은 예측만 하는 반면, AURION은 예측-분석-대응까지 원스톱 서비스와 구체적인 대응 방안까지 제시한다는 점에서 차별화됩니다."

일곱 번째 슬라이드에는 성장 전략이 단계별로 정리되어 있었다.

"성장 전략은 3단계입니다."

류강준이 로드맵을 보여주며 설명했다.

"1단계, 국내 시장 점유율 50% 달성. 현재 20%에서 2027년까지 50%로 확대합니다."

"2단계, 미국 시장 성과를 바탕으로 유럽 5개국, 동남아 3개국 진출과 함께 스마트시티 통합 플랫폼을 구축하여 기후 예측을 넘어 도시 전체 관리 시스템으로 확장합니다."

"3단계, CCUS 기반 탄소 포집·저장·활용 솔루션 개발. 기후 예측 데이터를 활용한 최적 탄소 포집 지점 선정과 저장소 운영 효율화 서비스로 탄소중립 시장에 진출합니다."

전체 발표 시간은 약 20분이 소요됐다. 복잡한 기술 설명보다는 사업 부문과 제품, 경쟁력과 성장 전략에 초점을 맞춘 프레젠테이션이었다.

■ 간단한 질의응답

발표가 끝나자 KX거래소 심사팀장이 몇 가지 질문을 던졌다.
"센서 유지보수 비용이 수익성에 미치는 영향은 어떻습니까?"

최강혁 CFO가 간결하게 답변했다.
"센서 1개당 연간 유지비는 250만 원이고, 이를 통해 창출되는 수익이 평균 800만 원입니다. 따라서 충분히 수익성 있는 구조라고 생각합니다."

"경쟁사와의 차별점을 한 문장으로 정리하면 어떤 것이 있을까요?"

류강준이 명확하게 대답했다.
"예측만 하는 경쟁사와 다르게, AURION은 예측부터 대응까지 원스톱 서비스를 제공합니다."

■ 예상치 못한 순간

순조롭게 이어지던 질의응답은 발표의 마지막을 향해가고 있었다.
그때였다. 회의실 문이 열리며 한 직원이 급히 들어와 심사팀장에게 쪽지를 건넸다.

심사팀장이 종이를 펼쳐 읽는 순간, 그의 표정이 굳어졌다. 미묘하게 굳은 입술, 차갑게 가라앉은 눈빛. 그는 짧게 다른 심사역들과 귓속말을 나누더니 자리에서 고개를 들었다.

"죄송합니다. 잠깐 확인해야 할 일이 생겼습니다."
그가 다른 심사역들과 짧은 대화를 나눈 후 말했다.

류강준과 팀원들이 서로 의아한 눈빛을 교환했다.
'우리에게 무슨 일이 생긴 것일까? 혹시 서비스 중단 사고라도 발생한 것은 아닐까?'

"오늘 킥오프 미팅은 여기서 마치겠습니다. 세부 심사 일정은 별도로 연락드리겠습니다."

심사역들의 표정에서 무언가 심상치 않은 기운이 감지됐다.

■ Kick-Off 미팅의 마무리

회의실을 나서자 서유진이 궁금한 표정으로 물었다.
"대표님, 갑자기 무슨 일이 생긴 걸까요? 마지막에 분위기가 좀 이상했던 것 같은데요."

류강준은 엘리베이터 버튼을 누르며 생각에 잠겼다.

"킥오프 미팅은 잘 진행된 것 같았습니다. 심사역들이 우리 사업모델을 제대로 이해한 것 같고요."

그가 긍정적으로 평가하면서도 우려를 표했다.
"다만 마지막에 급하게 들어온 보고가 무엇인지 몰라서 신경이 쓰입니다."

최강혁이 동조를 하며 말을 이어 나갔다.

"어쨌든 저희가 준비했던 것은 완벽했다고 생각합니다. 사업 설명도 명확했고, 제품 포트폴리오도 심사역들이 충분히 이해한 것 같습니다."

"나머지는 거래소 내부 절차일 수도 있으니까, 너무 걱정하지 마시죠."

하지만 류강준은 심사역들의 미묘한 표정 변화에서 예상치 못한 변수가 생겼다는 것을 직감적으로 느끼고 있었다.

실무 가이드 52 킥오프 미팅 준비

예비심사신청서 제출 직후 한국거래소에서 진행되는 킥오프 미팅은 심사팀에게 기업의 첫인상을 심어주고, 향후 심사 과정의 방향을 설정하는 데 매우 중요한 역할을 한다. 짧은 시간 안에 회사의 핵심 가치와 성장 잠재력을 효과적으로 전달해야 한다.

킥오프 미팅의 핵심 목적

1. **기업 소개 및 비전 공유** : 심사팀에게 회사의 사업 모델(BM), 핵심 기술, 경쟁력, 시장 위치, 성장 전략 그리고 상장을 통해 이루고자 하는 비전을 간결하고 명확하게 전달한다.

2. **심사 방향 설정** : 심사팀이 기업에 대해 궁금해하는 주요 포인트를 파악하고, 기업이 강조하고자 하는 강점을 부각시킨다.

3. **긍정적인 관계 형성** : 심사팀과의 첫 대면에서 신뢰를 구축하고, 앞으로의 심사 과정이 원활하게 진행될 수 있도록 긍정적인 분위기를 조성한다.

킥오프 미팅 준비 전략(30분 내외의 짧은 시간 활용)

1. 핵심 메시지 압축

- **BM(Business Model)** : 복잡한 기술이나 사업 구조를 일반인도 이해하기 쉽게 설명한다.
- **시장 및 경쟁우위** : 시장의 성장성, 기업이 시장에서 가진 독보적인 위치, 경쟁사 대비 차별점(기술, 인력, 생산 능력 등)을 명확히 제시한다.
- **사업 계획 및 비전** : IPO를 통해 확보할 자금으로 무엇을 할 것이며, 궁극적으로 어떤 기업으로 성장할 것인지 구체적이고 설득력 있는 로드맵을 제시한다.

2. 간결하고 명확한 프레젠테이션

- 장황한 설명보다는 핵심 키워드와 시각 자료(그래프, 이미지)를 활용하여 메시지를 전달한다.
- 기술 기업의 경우, 기술의 원리보다는 '기술이 가져올 가치'와 '사회적 파급 효과'에 집중하여 설명한다.

3. Q&A 준비

- 심사팀이 신청서 내용을 바탕으로 궁금해할 만한 예상 질문을 미리 파악하고, 각 질문에 대해 간결하면서도 핵심적인 답변을 준비한다.
- 특히 시장에 대한 설명, 회사의 사업계획 등 잠재적 리스크에 대한 질문에 대비한다.

4. 경영진의 팀워크

- CEO뿐만 아니라 핵심 C-레벨 임원들(CTO, CFO, CMO 등)이 함께 참석하여 각자의 전문 분야에 대한 질문에 유기적으로 답변하며, 경영진의 역량과 팀워크를 보여준다.

5. 자신감과 진정성

- 회사의 비전과 성장 가능성에 대한 확신을 보여주되, 과장되지 않고 진정성 있는 태도로 소통한다.

조언

킥오프 미팅은 심사팀에게 기업의 '얼굴'을 보여주는 자리이다. 이 자리에서 긍정적인 인상을 심어주면 향후 심사 과정에서 심사팀과의 소통이 훨씬 원활해질 수 있다. 짧은 시간 안에 회사의 핵심을 꿰뚫는 메시지를 전달하는 것이 성공적인 킥오프 미팅의 열쇠이다.

보완 요청의 파고 :
끝없는 증명

■ 보안 요청

"대표님, KX거래소에서 3차 보완 요청 메일이 왔습니다."

보완 요청서는 A4 5장 분량의 세밀한 질문들로 가득 차 있었다.

"2025년도 고객사 A와의 계약 조건 중 독점공급 약정 여부 확인",
"기술평가 시 제출된 데이터와 실제 제품 성능 간 편차 근거 요청",
"특수관계인 보유 지분 및 내부자 거래 내역 전수 확인."

메일에는 각 항목마다 '제출 기한 7영업일'로 적혀 있었다.

이번 핵심 쟁점은 '매출처 편중'이었다. AURION 주요 매출의 62%가 정부 R&D 과제와 특정 대기업 두 곳에서 나왔다. 거래소 입장에서는 '민간 시장 확장성'에 대한 구체적 근거가 필요했다.

류강준은 바로 이아름 CMO와 이현수 영업팀장을 호출했다.

그날 늦은 시간까지, 사무실은 여전히 불이 켜져 있었다. 민간 물류센터의 미세기후 제어 PoC, 스마트팜을 넘어선 축산단지 적용 사례, 스마트팩토리 진출 전략과 같은 매출 다각화 로드맵이 새롭게 구상되었다. PPT 한 장 한 장에는 실제 잠재 고객사와의 논의 내용과 예상 매출 규모까지 포함하여 작성되고 있었다.

그러던 중, AURION에 또 다른 공문이 도착했다. KX거래소 '기술특례상장 전문가 회의' 참석 요청서였다.

"기술성 및 시장성에 대한 객관적 검증을 위해 전문가 의견 청취가 필요하다고 나와 있습니다."
서유진 CTO가 공문을 읽으며 말했다.

"전문가 회의는 거래소가 구성한 위원들과 거래소 심사팀이 회의를 진행하며, 발행사에 대한 의견을 위원들로부터 청취하는 것이 메인입니다. 기술 평가기관 인원은 위원으로 참석하고, 주관사는 참석하지 않으며, 밖에서 대기하는 것이 일반적입니다."

전문가 회의 D-Day

여의도 KX거래소 7층 회의실 밖 대기실에서 류강준 CEO와 서유진 CTO가 질의응답 시간을 기다리고 있었다. 회의실 안에서는 거래소가 구성한 심사위원 5명과 기술평가기관 위원이 긴 회의 테이블에 앉아 있었고, 거래소 심사팀이 회의를 주재하며 발행사에 대한 의견을 위원들로부터 청취하고 있었다. 회의가 진행되던 중, 질의응답 시간이 되자 류강준 대표와 서유진과 CTO가 회의실 안으로 입장했다.

"제출하신 자료를 보니, AI 모델의 지역 편향성 문제 해결 방안이 다소 추상적입니다."
한 심사위원이 직설적으로 우려를 표했다.

"실제 테스트 결과는 어떻습니까?"

서유진은 준비해 온 자료를 화면에 띄우며 답변을 시작했다. 지난 6개월간 제주도, 강원도, 경상도 3개 지역에서 수집한 실시간 데이터가 순식간에 화면에 펼쳐졌다.

"저희가 개발한 AURION AI는 지역별 기후 특성을 학습하는 적응형 알고리즘을 적용했습니다."

그녀는 차분하게 설명을 이어갔다.

"이 자료를 보시면, 제주도의 높은 습도 환경과 강원도의 저온 건조 환경에서 모두 95% 이상의 예측 정확도를 보입니다."

"그렇다면 센서 정밀도 편차 문제는 어떻게 해결하실 예정입니까?"

또 다른 심사위원이 질문을 제기했다.

"실험실 환경과 현장 환경의 차이가 있다는 사실은 인정합니다."

서유진은 솔직하게 답변했다.

"하지만 저희는 이 편차를 오히려 강점으로 활용했습니다. 실제 현장 데이터로 모델을 지속적으로 업데이트하여, 현실 적응력을 높였기 때문입니다."

■■ 시장의 차가운 현실

하지만 기술보다 더 거센 것은 시장의 '분위기' 변화였다. 2026년 하반기 들어 IPO 예비심사 철회 기업이 급증하고 있었다. AI 기반 데이터 솔루션 업체 '와이모', 반도체 장비 부품사 '와이케이엠씨' 등이 줄줄이 상장을 포기했다.

더 충격적인 것은 대형주마저 예외가 아니라는 점이었다. 올해 최대어로 기대받았던 RG CNS조차 상장 첫날 공모가를 밑돌았다. '양보다 질' 중심으로 바뀐 금융당국의 심사 기조와 맞물리면서, IPO 시장 전체가 얼어붙고 있었다.

"대표님, 지금 시점에 상장을 하는 것이 맞을까요?"
이아름 CMO가 조심스럽게 운을 띄웠다. 연초 공모주 열기가 빠르게 식으면서 신규 상장사들의 40% 이상이 하락세를 보이고 있었다.
"통과는 해도, 공모 흥행 자체가 실패할 수 있습니다."

모든 시선이 류강준에게 집중됐다.

류강준은 잠시 창밖을 바라보며 생각에 잠겼다. 13년 전 대기업 연구소에서 사직서를 내던 날의 기억이 스쳐 지나갔다. 그때도 주변 사람들은 '미쳤다'고 했다. '안정적인 곳을 왜 나가냐'고 말렸다.

"결정된 사항은 변경 없이 그대로 진행할 예정입니다."
그의 목소리는 나지막하면서도 단호했다.

"IPO는 종착점이 아니라 도약대입니다."
그가 팀원들을 한 명씩 바라보며 말했다.

"시장이 흔들릴수록 진짜 가치 있는 회사가 누구인지 더 명확해집니다. 최적의 시기라는 것은 없습니다. 항상 예상치 못한 문제들이 나타나니까요. AURION이 이 시장에 꼭 필요한 이유를 더 강하게 제시하면 됩니다."

53 IPO 주요 이슈 체크

상장예비심사는 한국거래소 심사팀이 기업이 제출한 신청서를 바탕으로 상장 적격성을 판단하는 매우 엄격하고 심층적인 과정이다. 제출 후에도 기업은 수많은 추가 질문과 자료 요청에 대응해야 한다.

예비심사 과정에서 주로 발생하는 이슈

1. 추가 자료 요청 및 소명

- **목적** : 제출된 서류의 진위 여부 확인, 숨겨진 리스크 파악, 사업 모델 및 재무 상태에 대하여 심층 검토한다.
- **내용** : 재무제표 계정별 상세 내역, 과거 특정 거래 증빙, 기술개발 과정의 세부 자료, 고객사 계약 관련 질의 등 광범위하다.

2. 질적 요건 심화

- **기업의 계속성** : '매출처 편중 위험', '주력 제품 실적 악화', '수주 감소 추세' 등 기업의 지속 가능한 성장에 대한 우려가 제기될 수 있다.
- **경영 투명성** : '특수관계인 거래', '가지급금/가수금' 등 과거 재무/경영 관행에 대한 엄격한 심사가 이루어진다.
- **경영의 안정성** : 최대 주주 지분율, 경영진 교체, 경영권 분쟁 여부 등을 확인한다.
- **기술의 우위성(기술특례)** : 기술의 독창성, 모방 난이도, 사업화 가능성뿐만 아니라 '기술의 데이터 편향성', '특정 환경 적용의 한계' 등 심층적인 기술적

질문이 제기될 수 있다.

3. 상장심사 및 전문가 회의

- **전문가 회의** : 상장심사 과정에서 한국거래소는 산업 분야별 전문가들로 구성된 '전문가 회의'를 통해 기업의 기술력 및 시장성에 대한 자문을 구할 수 있다.
- **실무 절차** : 전문가 회의는 자료 요청, 회의 개시, 결과 보고, 심사 반영의 단계를 거친다.
- **참석 요청** : 전문가 회의 참석은 공문을 통해 요청되며, 전문가가 필요하다고 인정하는 경우 기업 대표 등을 참석시켜 의견을 청취할 수 있다.

4. 외부 환경 변화에 대한 대응

- **시장 변동성** : IPO 심사 기간 중 글로벌 경제 상황 악화, 주식 시장 침체, 업종별 투자 심리 위축 등이 발생하면 상장 자체에 대한 불확실성이 커진다.
- **경쟁 심화** : 경쟁사의 신기술 출시, 시장 내 공격적인 움직임 등이 기업의 경쟁우위에 대한 의문을 제기할 수 있다.

조언

예비심사는 '질의응답의 연속'이다. 모든 질문에 대해 투명하고 논리적인 답변을 준비해야 한다. 주관사와 긴밀히 협력하고, 각 팀원의 전문성을 총동원하여 예상치 못한 위기에 침착하게 대응해야 한다. 위기를 기회 삼아 기업의 진정한 강점과 극복 의지를 보여주는 것이 중요하다.

서류 전쟁 :
7차 보완 요청

■ 끝없는 보완 요청의 늪

"일곱 번째 보완 요청이 들어왔습니다. 기한은 7영업일입니다."

최강혁 CFO의 목소리에는 피로감이 잔뜩 묻어났다. 벌써 몇 번째인지 세는 것도 의미를 잃어버렸다. 그의 책상에는 형광펜으로 체크 된 서류들이 다시 쌓여가고 있었다. IPO 준비를 시작한 지 벌써 4개월째였다. 매번 '이번이 마지막'이라고 생각했던 보완 요청이 끊임없이 이어지고 있었다.

"이미 다 제출한 자료 아닙니까?"
류강준이 무거운 표정으로 물었다.

김도윤이 노트북 화면을 돌려 보였다.
"거래소 심사팀은 서류 자체보다 그 안에 내재되어 있는 '스토리'를 읽으려고 합니다."
그가 현실적으로 설명했다.
"우리 회사가 정말 상장기업으로 적합한지 모든 각도에서 검증하는 과정이라, 추가 요청이 계속 들어올 수밖에 없습니다."

⬛ 전 부서 총력 대응

회의실 전자칠판에는 부서별 담당 업무가 빼곡히 적혀 있었다.

〈재무팀〉

"패스트 이노베이션과의 거래 내역", "해외 법인 설립 관련 세무조정 내역", "대출·예금 계좌별 상세 입출금 내역"

〈기술팀〉

"AI 알고리즘 상세 구조도", "기후 예측용 학습 데이터 셋 검증자료", "품질관리 시스템 운영 기록"

〈마케팅팀〉

"경쟁사 대비 시장 점유율 분석", "신규 고객사 확보 현황", "매출 다각화 로드맵"

〈회계지원팀〉

"5개년 재무제표 전체 계정 세부내역", "감사법인 검토의견서", "자금 유동성 분석서"

〈인사 관리팀〉

"임원진 겸직 현황", "전 직원 경력 검증 서류", "스톡옵션 부여 내역"

〈법무팀〉

"내부통제규정 전문", "정관 및 각종 사규", "주주총회 의사록 원본", "2024년 이후 모든 이사회 의사록 원본 취득

■ D-7, 마지막 일주일

　제출 기한 일주일을 앞둔 AURION의 사무실은 24시간 가동 체제에 들어갔다. 각 층마다 환하게 불이 켜져 있었고, 프린터 소리와 키보드 타자 소리가 끊이지 않았다.

　류강준은 사무실을 천천히 둘러보았다. 재무팀에서는 경쟁사 재무제표 및 기업 가치를 분석 있었고, 기술팀에서는 특허 출원 및 등록 문서를 검토하고 있었다. 마케팅팀은 시장분석 및 고객 현황 자료를 다시 정리하고 있었다.

　각자의 자리에서 묵묵히 업무에 집중하는 팀원들을 보며, 류강준은 잠시 14년 전을 떠올렸다. 처음 AURION을 시작할 때만 해도 이런 복잡한 서류 작업이 기다리고 있을 줄은 몰랐다. 하지만 지금 이순간, 각 부서가 전문성을 발휘해 난관을 헤쳐 나가는 모습을 보니 회사가 정말 성장했다는 생각이 들었다.

■ 제출 당일 오후 4시

“마지막 파일입니다.”
김도윤이 USB에 마지막 문서를 저장하며 말했다.

　디지털 파일과 인쇄본 총 78페이지의 보완 자료가 완성되었다. 각 부서가 일주일 동안 쏟아부은 노력의 결과물이었다.

　류강준은 잠시 묵묵히 그 자료를 바라보다가 조용히 입을 열었다.
“정말 최선을 다했습니다.”

　옆에서 최강혁이 물었다.

"이제 정말 마지막일까요?"

"마지막이면 좋겠지만... 또 보완 요청이 온다면 어쩔 수 없죠."
류강준의 말은 현실적이었지만, 그 속에는 단단한 각오가 담겨 있었다.

"보완이라는 것은 그래도 추가 기회를 주는 것이라고 생각합니다. 그 기회가 주어지는 한, 계속 증명해 나가야죠."

서류 더미와 피로 속에서도, 그들은 스스로 한 걸음 더 나아갔음을 느끼고 있었다.

실무 가이드 54 IPO 심사 단계의 위기 관리

IPO를 준비하는 기업은 외부 경쟁자의 견제를 피하기 어렵다. 기술 도용 의혹, 특허 분쟁, 투자자 불신 조성 등은 IPO 심사를 지연시키거나 기업 이미지를 훼손시킬 수 있다. 따라서 "어떻게 방어하고, 동시에 기회를 만들 것인가"가 핵심 과제다.

기업이 경쟁사의 언론 공격과 기술 탈취 소송 등 대응하는 전략

• **언론 공격 대응** : 부정적인 언론 보도가 시작되면 사무실 분위기가 급격히 경직되고 투자자들의 불안감이 증폭된다. 이에 대비하여 언론 대응팀을 미리 구성하고, 예상되는 부정적 이슈에 대한 사전 해명 자료를 준비해야 한다. 루머 발생 시 신속하고 투명하게 사실관계를 밝혀 신뢰도를 지키는 것이

중요하다.

- **사외이사 및 전문가 활용** : 사외이사(법률, 기술 전문가)를 적극적으로 활용하여 상황의 심각성을 냉철하게 진단하고, 법률적 및 기술적 반박 논리를 구축하는 데 도움을 받아야 한다.
- **소송 대응 TF팀 구성** : 법률 전문가(변호사)를 중심으로 소송 대응 TF팀을 즉각 구성하고, CFO는 소송 비용 및 예상 손실을 시뮬레이션하며 재무적 위험을 관리해야 한다. CTO는 개발 로그, 특허 출원 기록, 시뮬레이션 데이터 등 독자적 기술 개발을 증명할 자료를 체계적으로 정리해야 하며, 생산총괄은 생산 공정의 독자성과 기술 내재화 과정을 증명할 자료를 준비해야 한다.

조언

상장을 앞둔 기업에 경쟁사의 견제가 발생할 수 있다. 사전 리스크 평가와 비상 계획 수립은 기본이며, 위기 발생 시에는 리더의 강력한 리더십 아래 각 부서의 전문성을 결집하여 유기적으로 대응해야 한다. 단순 방어가 아닌, 이를 통해 기업의 정당성과 강점을 역으로 증명하는 기회로 삼는 전략적 사고도 필요하다.

역습의 서막 :
소송의 시작

■ 동시다발적 공격의 시작

서류 제출의 안도감은 하루도 가지 못했다.

다음 날 아침부터 류강준의 휴대폰은 쉴 새 없이 울렸다. 이아름 CMO, 김도윤, 최강혁 CFO로부터 연락이 연달아 들어왔다.

"대표님, 지금 포털 확인해 보셔야 합니다. 상황이 심각합니다."

이아름의 다급한 목소리에 화면을 켜자, 경제지 메인에는 굵은 제목들이 박혀 있었다.

『기후테크 유니콘, 과연 실체가 있나?』
『AURION 내부 갈등설, IPO 차질 우려』
『과대 포장된 기술력, 투자자 현혹 논란』

단순한 의혹 제기를 넘어선 비난이었다. 기술 신뢰성은 물론이고, 경영진 간 과거 갈등까지 끄집어내 '리더십 부재'라는 낙인을 찍고 있었다.

"이게 우연일 리가 없습니다. 왜 하필 이 시점에…"
이아름이 분개했다.

그러나 진짜 충격은 그 뒤에 찾아왔다.

오전 10시, 법원에서 도착한 등기 우편. 봉투를 뜯는 순간 드러난 네오테크의 소송장

『기술 탈취』.

류강준은 순간 킥오프 미팅에서의 상황을 떠올렸다. 심사팀에게 급하게 전달된 쪽지가 바로 이 내용이었구나 하는 생각이 들었다.

■ 소송 내용의 핵심

소송장 첫 장에는 굵은 글씨가 박혀 있었다.

- AURION의 AI 학습·재훈련 로직이 자사 기술을 무단 도용
- 나노센서 기반 미세 기류 제어 기술의 원천기술 침해

"도대체 어떻게 이런 일이…"
이아름은 당황스러워했다.

김도윤이 소송장을 꼼꼼히 읽어보며 말했다.
"타이밍이 너무 절묘합니다. IPO 심사 막바지에 기술 소송을 제기한 것 자체가 전략적 의도를 담고 있습니다."

그는 손가락으로 소송장 한 구절을 짚으며 말을 이었다.
"거래소 입장에서는 기술 독창성에 의문이 제기되는 순간, 상장 승인을 보류할 수밖에 없습니다."

■ 네오테크 본사, 같은 시각

오윤서 대표는 대형 모니터 앞에서 실시간 검색어와 주가 차트를 동시에 확인하고 있었다. AURION 관련 부정적 키워드들이 상위권을 차지했고, 네오테크 주가는 상승세를 보이고 있었다.

"법무팀, 언론에 추가 자료를 흘려."
오윤서가 말했다.

"소송 진행 상황도 적절히 노출해서 AURION의 상장심사에 부담을 줘."

책상 위에는 'AURION 기술 분석보고서'가 펼쳐져 있었다. 그 속에는 서유진이 과거 학회에서 발표했던 논문 일부가 '증거'라는 이름으로 재가공되어 들어 있었다.

■ AURION 긴급 대책 회의

류강준은 즉시 전 임원진을 소집했다. 회의실은 긴장감으로 가득했다.

"오윤서 대표가... 결국 이런 수를 두는군요."
류강준이 침착하게 말했다.

"IPO 심사 막바지를 노린 기술 소송 제기. 거래소가 민감하게 반응할 수밖에 없는 타이밍을 골랐네요."

서유진은 고개를 숙였다. 그녀의 어깨는 죄책감으로 잔뜩 움츠러들어 있었다.

하지만 류강준이 곧 그녀 앞에 다가서서 말을 이었다.

"지금은 자책할 때가 아닙니다. CTO님. 우리 기술이 독창적이라는 걸 증명해야 합니다. 그것이 곧 회사를 지키는 길입니다."

"지금은 자책할 때가 아닙니다. 우리 기술이 독창적이라는 것을 증명해야 할 때입니다."

그때, IPO 준비 과정에서 선임된 강윤아, 박준석 두 명의 사외이사가 조언을 제시했다.

"상황을 냉정하게 봐야 합니다."

강윤아 이사가 말했다.

"이 소송은 법적 대응과 기술적 근거 마련을 동시에 진행해야 합니다."

박준석 이사도 동의했다.

"서유진 CTO님과 함께 소장 내용을 하나하나 분석해서 기술적 반박 논리를 구축해야 합니다."

■ 전방위 대응 체계 구축

AURION은 즉시 '소송 대응 TF팀'을 구성했다.

- 법무팀 : 새로운 변호사 선임, 법적 대응 전략 수립
- 기술팀 : 개발 로그, 특허 출원 기록, 독창성 증명 자료 준비
- 재무팀 : 소송 비용 및 리스크 시뮬레이션 진행
- 생산팀 : 패스트 이노베이션 인수 후 기술 내재화 과정 증명 자료 작성
- 홍보팀 : 위기 커뮤니케이션 전략 수립

류강준은 굳은 표정으로 팀원들을 둘러보았다.

"지금부터 우리는 두 전선에서 싸웁니다. 법정에서는 우리의 기술이 독창적임을 증명하고, 언론 앞에서는 우리의 진정성을 보여줄 겁니다."

잠시 침묵이 흘렀다.

그 순간, 서유진이 고개를 들었다.

그녀의 눈빛은 더 이상 죄책감이 아니라 결의로 가득 차 있었다.

"제가 모든 기술 자료를 정리하겠습니다. 이번엔 빈틈이 없을 겁니다. AURION의 기술이 단순한 모방이 아니라, 진짜 혁신임을 세상에 보여주겠습니다."

KX거래소의 상장심사에서 소송은 중요한 사업 위험 요소로 평가되며, 기술특례상장의 경우 기술의 독창성과 우발부채 가능성이 핵심 심사 기준이 된다. 이번 네오테크의 공격은 이러한 약점을 정확히 겨냥한 치밀하게 계산된 전략이었다.

55 IPO 심사 자료 요청 대응

상장예비심사신청서 제출 이후, 한국거래소의 심사는 제출된 서류를 기반으로 한 '서류 심사'가 핵심적으로 진행된다. 이 과정에서 기업은 방대하고 상세한 추가 자료 요청에 끊임없이 대응해야 한다.

'서류의 전쟁'에서 주로 요청되는 자료 예시

1. 재무 및 회계자료

- **감사보고서 및 세무조정계산서** : 최근 3~5개년 자료
- **총계정원장, 월계표, 계정과목 명세서** : 상세한 재무 흐름과 거래 내역 파악
- **각종 대출/예금잔고 내역** : 자금 흐름의 투명성 확인
- **과거 재무제표 원본 및 K-IFRS 컨버전 자료** : 회계기준 전환의 적정성 확인
- **특수관계인 거래 내역** : 최대 주주 및 특수관계인과의 모든 거래(매출, 매입, 자금 대여 등)의 투명성, 공정성, 적정성 소명자료
- **가지급금/가수금 내역** : 발생원인, 사용 목적, 회수 내역 등 상세 소명

2. 지배구조 및 주식 관련 자료

- **설립 이후 현재까지 정관 일체** : 정관 변경 내역과 이유
- **설립 이후 이사회/주주총회 의사록** : 모든 의사결정 과정의 투명성 확인
- **주주명부, 주식 변동사항 상세표** : 최대 주주 및 지분 변동의 투명성 확인, 의무보유자 현황
- **주식매수선택권, 전환사채 등 발행/부여 내역** : 관련 계약서 및 조건의 적정성

3. 사업 및 기술 관련 자료

- **사업계획서 원본 및 수정내역** : 사업 전략의 일관성 및 타당성
- **주요 계약서 일체** : 고객사, 공급처, 파트너십 등 핵심 계약의 내용 및 조건
- **연구개발 실적, 지식재산권 현황** : 기술력 증명, 기술 경쟁우위 및 독점성
- **최근 산업 동향 보고서, Analyst Report** : 시장 이해도 및 사업 전망의 타당성

4. 인사 및 조직 관련 자료

- **내부 규정 목록 및 사본** : 이사회 운영 규정, 이해관계자 거래 규정, 자금/회계 관리 규정, 임원 퇴직급여 규정 등
- **설립 이후 임·직원 내역** : 직급, 입/퇴사 현황, 급여 지급 내역 등
- **임원 겸직 현황** : 겸직의 적법성 및 이해 상충 여부

조언

IPO 심사의 서류 요청은 기업의 모든 숨겨진 정보와 잠재적 리스크를 드러낸다. 주관사와의 긴밀한 협력하에 모든 자료를 투명하고 성실하게 준비하는 것이 중요하다. 무엇보다 한국거래소가 요청하는 '제출 기일'을 철저히 엄수해야 한다. 기한을 지키지 못하면 심사 지연은 물론, 기업의 신뢰도와 IPO 일정에 치명적인 문제가 발생할 수 있다. CEO, CFO 등 주요 임원은 이 '서류 전쟁'의 총괄 지휘자로서, 팀원들을 독려하고 최종적인 책임감을 가지고 모든 자료의 정확성과 기일을 준수해야 한다.

법정의 시험대 :
끝나지 않은 공방

■■ 법정 대결의 시작

기술 탈취 소송이 시작된 후, AURION 사무실은 겉으로는 평온해 보였지만 내부는 긴장 상태였다. 회의실 문이 닫힐 때마다 낮은 목소리의 급박한 논의가 이어졌고, 매일 아침 언론을 모니터링하는 것이 하루 일과의 시작이 되었다. 투자자와 협력사에서 걸려오는 문의 전화도 끊이지 않았다.

류강준 대표는 침착함을 유지했지만, 그의 어깨는 눈에 띄게 축 처져 있었다. 서유진 CTO의 연구실에는 불이 꺼진 적이 없었고, 최강혁 CFO는 재무 보고서와 법률 자문서를 번갈아 검토하며 복잡한 표정을 지었다.

서울중앙지방법원 제15민사부.
법정 안은 마치 숨조차 삼가야 할 듯 긴장감이 흐르고 있었다. 원고석에는 네오테크의 오윤서 대표와 GTS 정태수 전무가, 피고석에는 AURION의 류강준 대표와 서유진 CTO, 그리고 변호사가 자리했다.

원고 측 변호인이 첫 변론을 시작했다.

김태하 재판장은 기술 분쟁 전문 판사로 유명했다. 복잡한 기술적 쟁점을 명쾌하게 정리하는 능력으로 업계에서 인정받고 있었다.

"존경하는 재판장님, 피고 AURION은 원고 네오테크의 핵심 기술을 체계적으로 탈취했습니다."

변호인이 자신 있게 주장했다.

"피고는 손자회사 GTS와의 기술 교류라는 명목하에 접근하여, 원고가 수십 년간 축적한 기술 노하우를 부당하게 취득했습니다."

법정 안의 분위기는 한순간에 경직되었다.

원고 측 증거 자료 제출

원고 측 변호인이 준비한 증거 서류들이 법정에 제출되었다.

"증거 제1호부터 제15호까지 제출하겠습니다."
변호인이 두꺼운 파일을 들어 올리며 말했다.

"이 중 증거 제3호는 2021년 8~9월 서유진 CTO와 정태수 전무 간의 이메일 교환 기록입니다."

"'나노센서 배치 최적화'와 '기후 데이터 융합 알고리즘'에 대한 구체적 논의가 담겨 있습니다."
변호인이 계속 설명했다.

증거 제7호로 제출된 것은 GTS 사내 회의록이었다.
"여기에는 'AURION 기술 지원 방안'이라는 제목하에 기술 이전 논의 내용이 명시되어 있습니다."

김태하 판사가 증거들을 차례로 검토했다.

"피고 측에서 이 증거들에 대해 반박할 기회를 드리겠습니다."

피고 측 반박 증거 제출

피고 측 변호사가 즉시 대응했다.

"재판장님, 저희도 증거 제1호부터 제22호까지 제출하겠습니다."

변호사가 더욱 두꺼운 서류 뭉치를 내놓았다.

"이 중 증거 제5호는 AURION의 2013년부터 2026년까지의 연구개발 로그 전체입니다. 원고가 주장하는 기술들이 이미 그 이전부터 독자적으로 개발되고 있었음을 증명하는 자료입니다."

서유진이 준비한 기술 문서들도 제출되었다.

"증거 제14호는 AURION AI 알고리즘의 핵심 구조도입니다."

변호사가 화면에 복잡한 도식을 띄웠다.

"원고의 기술과는 완전히 다른 아키텍처임을 명확히 보여주고 있습니다."

특히 주목받은 것은 증거 제19호였다.

"이는 서유진 CTO가 대학원 시절부터 발표해 온 논문들입니다."

변호사가 강조하며 설명했다.

"현재 AURION이 사용하는 기술의 원형이 이미 14년 전부터 서유진 CTO의 독창적 연구로 발표 되어왔습니다."

■■ 휴정 시간, 피고 측 회의실

류강준, 서유진, 최강혁, 그리고 담당 변호사는 급히 회의실로 모였다. 이미 강윤아, 박준석 사외이사가 회의실 안에서 기다리고 있었다.

강윤아 사외이사는 침착한 어조로 조목조목 법리적 허점을 짚어냈다.

"원고가 주장하는 '설계 사상'은 구체적인 구현 코드나 도면 없이는 추상적 개념에 불과합니다."

그녀가 전문적으로 분석했다.

"이런 경우 영업비밀로 보호받기 어렵다는 판례가 다수 존재합니다. 또한 AURION은 독자적인 개발 로그와 특허 출원 이력을 철저히 관리해 왔습니다."

박준석 이사가 서유진에게 조언했다.

"서유진 CTO님의 증언이 핵심입니다."

그가 구체적 방향을 제시했다.

"원고가 언급하는 '자가 학습-재훈련 로직'과 '미세 기류 제어 원리'는 기후 기술 분야에서 보편적으로 연구되는 개념입니다. 우리가 이 보편적 개념을 어떻게 독자적으로 구현하고 최적화했는지 명확히 설명해야 합니다."

■■ 재개된 법정

피고 측 변호사는 강화된 논리로 반박에 나섰다.

"원고의 주장은 사실 왜곡입니다."

변호사가 명확하게 반박했다.

"AURION의 기술은 수년간의 독자적 연구개발과 막대한 투자 끝에 탄생했습니다. 서유진 CTO의 발언은 순수한 기술적 교류의 일환이었으며, 이는 공개된 연구 흐름 내에서 충분히 설명 가능한 내용입니다."

변호사는 네오테크의 주장이 영업비밀의 요건(비공지성, 경제적 가치, 비밀 유지 노력)을 충족하지 못한다는 점을 강조했다.

이때 원고 측 변호인이 복잡한 기술 용어를 나열하며 장황하게 설명했다.

김태하 판사가 안경 너머로 변호인을 바라보며 말했다.
"변호인, 지금 중요한 것은 이 기술이 얼마나 복잡한지가 아니라 일반인이 이해할 수 있도록 설명하는 것입니다."

그의 목소리는 차분했지만 날카로웠다.
"법정은 기술 컨퍼런스가 아닙니다. 'AI가 특정 환경에서 셀프 어댑티브 모듈을 통해 비선형적 학습 경로를 최적화한다'는 것이 피고의 독점적 자산이라는 말씀입니까? 쉽게 설명해 주십시오."

그의 지적에 방청석에서는 작은 움직임이 감지됐다. 원고 측 변호인은 당황한 기색을 보였고, 피고 측 변호사는 무표정을 유지하려 애썼다.

김태하 판사는 계속해서 양측의 감정적 대립을 제지하며 쟁점을 명확히 했다.
"양측 모두 감정적인 측면을 배제하고 오직 사실과 증거로 논하십시오."

그의 중재로 재판은 핵심 쟁점으로 빠르게 수렴되었다.

서유진이 증인석에 올랐다. 법정 안의 모든 시선이 그녀에게 집중됐다.

"재판장님, 저는 AURION의 기술이 어떻게 개발되었는지 명확하게 설명드리겠습니다."

서유진이 준비해 온 자료를 펼치며 시작했다.

"첫째, 시간적 선후관계입니다."

그녀가 화면에 타임라인을 띄웠다.

"제가 대학원에서 연구한 '적응형 기후 예측 모델'은 2010년 국제학회에서 발표되었습니다. 이는 네오테크가 주장하는 기술개발 시점보다 수년 앞선 것입니다."

법정 안이 조용해졌다.

"둘째, 기술적 차별성입니다."

서유진이 두 개의 구조도를 나란히 보여주었다.

"네오테크의 알고리즘은 중앙집중식 데이터 처리 방식을 사용합니다. 반면 AURION의 시스템은 분산형 에지 컴퓨팅 기반으로 설계되었습니다. 이는 근본적으로 다른 접근 방식입니다."

"셋째, 구현 방식의 독창성입니다."

그녀의 목소리에 확신이 실렸다.

"저희는 2,800개 나노센서에서 수집되는 실시간 데이터를 자체 개발한 압축 알고리즘으로 처리합니다. 이 압축률은 기존 방식 대비 87% 향상된 것으로, 완전히 독자적인 기술입니다."

서유진이 마지막 증거를 제시했다.

"이는 제가 2008년부터 작성해 온 연구 노트 원본입니다."

그녀가 두꺼운 노트를 들어 보였다.

"매일의 실험 기록, 오류 수정 과정, 알고리즘 개선 내역이 모두 기록되어 있습니다. 이 모든 과정이 네오테크와 무관하게 진행되었음을 증명합니다."

■ 최종 변론

치열한 공방 끝에 양측의 주장이 모두 제출되었다. 김태하 판사는 조용히 최종 판결 기일을 통보했다.

"이 사건은 기술의 독창성과 영업비밀의 성립 요건에 관한 복잡한 법리 검토가 필요합니다." 그가 신중하게 말했다.

"충분한 심리를 거쳐 1개월 후 판결을 선고하겠습니다."

법정을 나서며, 류강준은 팀원들과 함께 침묵 속에서 발걸음을 옮겼다. 14년간의 여정이 한 판의 법정 다툼에 달려 있다는 현실이 무겁게 다가왔다.

실무
가이드

56 기업 법정 분쟁 대응 전략과 위기관리

기업이 성장하는 과정에서 법정 분쟁은 불가피하게 발생할 수 있는 경영 리스크이다. 특히 기술 기업의 경우 영업비밀 침해, 특허 분쟁, 계약 위반 등 다양한 형태의 분쟁에 노출될 가능성이 높다. 효과적인 분쟁 대응 전략과 위기관리는 기업의 지속가능성을 좌우하는 핵심 요소이다.

법정 분쟁 대응을 위한 핵심 전략

1. 분쟁 예방을 위한 사전 준비

- **증거 관리 체계화** : 연구개발 기록, 실험 과정, 알고리즘 개발 내역을 시간순으로 체계적 관리하여 기술 독창성 입증 자료 확보
- **영업비밀 보호 강화** : 비공지성, 경제적 가치, 비밀 관리 등 영업비밀 3요소를 충족하도록 접근권한 통제 및 계약서 정비
- **내부 교육실시** : 임·직원 대상 정보보호 교육과 위기 대응 매뉴얼 구비

2. 분쟁 발생 시 초기 대응

- **전담팀 구성** : CEO, CTO, CFO, 법무팀, 사외이사로 구성된 위기 대응팀과 전문 변호사팀 즉시 구축
- **증거 수집 및 분석** : 자사 기술의 차별성, 시간적 선후관계, 독자적 개발 과정을 입증하는 객관적 자료 수집
- **법적 대응 전략** : 분쟁 유형에 따른 최적 대응 방안 수립 및 반박 논리 개발

3. 영업비밀 침해 분쟁 대응

- **성립 요건 검토** : 해당 정보의 비공지성, 경제적 가치, 합리적 비밀 관리 노력을 구체적으로 입증
- **기술적 차별성 강조** : 알고리즘 구조, 구현 방식, 성능 지표 등을 통한 근본적 차이점 부각
- **선행 연구 활용** : 논문, 특허, 연구 노트 등을 통한 기술개발의 연속성과 독창성 증명

4. 위기 커뮤니케이션

- **내부 관리** : 임·직원 동요 방지와 업무 집중도 유지를 위한 정확한 정보 전달 및 팀워크 강화
- **외부 이해관계자** : 투자자, 고객, 파트너사에 대한 투명한 소통으로 신뢰 관계 유지
- **대안적 해결** : 협상, 중재, 기술 라이선스 등을 통한 법정 외 해결 방안 모색

5. 재무적 영향 관리

- **비용 관리** : 변호사 비용, 전문가 증인 비용 등을 포함한 종합적 소송 예산 수립 및 보험 활용
- **사업 연속성** : 소송 기간 중 정상적 운영을 위한 충분한 현금 흐름 확보 및 신규 투자 영향 분석
- **리스크 헷지** : 최악 시나리오 대비 재무적 안전장치 구축

6. 판결 후 대응

- **승소 시** : 판결 신속 집행, 재발 방지책 강화, 브랜드가치 회복 활동
- **패소 시** : 상급심 검토, 사업모델 조정, 손해 최소화 방안 마련

조언

법정 분쟁은 예방이 최선이지만, 발생 시에는 신속하고 체계적인 대응이 중요하다. 특히 기술 기업의 경우 기술의 독창성과 개발 과정의 투명성을 입증할 수 있는 객관적 증거 확보가 승패를 좌우한다. 분쟁 기간 중에도 정상적인 사업 운영을 유지하고 이해관계자들의 신뢰를 잃지 않는 것이 중요하다.

현실의 무게 :

현장실사

■ 또 다른 시험대

2027년 3월, 기술 탈취 소송의 치열한 공방이 끝난 후, AURION 사무실에는 연일 계속된 자료 준비와 법정 출석으로 팀원들의 얼굴에는 피로감이 가득차 있었다. 판결을 기다리는 불확실성 속에서도, 또 다른 관문이 기다리고 있었다.

KX거래소의 현장실사였다.
"문서로는 알 수 없는 회사의 실체를 직접 확인하는 것입니다."
김도윤이 현장실사의 의미를 설명했다.

"사업장 확인, 경영진 면담, 실제 운영 현황을 모두 점검하는 과정입니다."

KX거래소 현장 실사팀 3명이 오전 9시에 AURION 본사에 도착했다. KX거래소 심사팀장을 비롯해 전문 심사역 2명이 함께 나왔다.

첫 번째 순서는 회사 전체 소개였다.
"AURION의 창업 배경부터 현재까지의 성장 과정을 말씀해 주시기 바랍니다."
KX거래소 심사팀장이 차분하게 질문했다.

류강준이 회의실 스크린에 화면을 띄우며 설명을 시작했다.

"8년 전 기후 변화 문제를 해결하고자 창업했습니다."
그가 회사의 여정을 설명했다.

"초기에는 단순한 기상 예측에서 출발했지만, 현재는 AI 기반 통합 기후 솔루션을 제공하는 회사로 성장했습니다."

경영진 개별 면담이 이어졌다.
"서유진 CTO님, 기술개발 조직은 어떻게 운영하고 계신가요?"

"연구개발팀을 AI 알고리즘팀, 센서 하드웨어팀, 데이터 분석팀으로 구분해 운영하고 있습니다."
서유진이 조직도를 보여주며 설명했다.
"각 팀 간 협업을 위해 주간 기술 미팅을 진행하고, 분기별로는 전사 기술 세미나를 개최합니다."

최강혁 CFO에게는 재무 운영에 대한 질문이 주어졌다.
"자금 운용과 투자의사 결정 프로세스는 어떻게 됩니까?"

"월별 자금 계획을 수립하고, 500만 원 이상 지출은 CFO 승인, 5천만 원 이상은 대표이사 승인을 받고 있습니다."
최강혁이 답변했다.
"투자의사 결정은 이사회 안건으로 상정해 신중하게 검토합니다."

■ 사업 현황 및 업계 전망

두 번째는 사업 진행 과정과 업계 현황에 대한 질의였다.
"현재 주요 매출원과 고객사 현황은 어떻게 됩니까?"

이아름 CMO가 고객 포트폴리오를 설명했다.
"공공부문 30%, 민간부문 70%로 구성되어 있습니다."
그녀가 구분해서 설명했다.

"국내 고객의 경우, 공공 부문은 부산광역시, 광주광역시, 강원도청 등 지자체가
주축입니다. 민간 부문은 그린케미칼, 스마트로지스 등이 주요 고객사입니다."

"해외 고객으로는 미국의 글로벌테크 솔루션 등 현지 기업들이 있습니다."

한 심사역이 추가 질문을 던졌다.
"해외 매출 비중과 향후 확대 계획은 어떻게 됩니까?"

"현재 해외 매출이 전체의 25%를 차지하고 있으며, 3년 내 50%까지 확대할 계
획입니다." 이아름이 구체적인 목표를 제시했다.

"기후테크 업계의 향후 전망을 어떻게 보십니까?"

류강준이 시장 분석 자료를 제시했다.
"글로벌 기후테크 시장이 연평균 25% 성장하고 있으며, 특히 아시아 시장의 성
장 잠재력이 큽니다. 정부의 탄소중립 정책과 기업들의 ESG 경영 확산으로 수요
가 급증할 것으로 전망합니다."

■ 생산시설 및 사업장 확인

세 번째는 실제 생산 현장 확인이었다.

심사팀이 생산 공장으로 이동했다.
김도진 생산 본부장이 안내를 맡았다.
"여기가 나노센서 생산라인입니다."
그가 클린룸을 가리키며 설명했다.

"월 1만 개 생산 능력을 보유하고 있으며, 품질 검사는 3단계로 진행됩니다."

심사역이 생산 과정을 자세히 관찰했다.
"불량률은 어느 정도입니까?"

"현재 3% 수준을 유지하고 있습니다."
김도진이 품질관리 차트를 보여줬다.
"업계 평균 10%보다 현저히 낮은 수준으로, 지속적인 공정 개선의 결과입니다."

연구개발 시설도 둘러보았다.
"이곳이 AI 알고리즘 개발실입니다."
서유진이 서버 룸을 소개했다.
"자체 구축한 GPU 클러스터로 딥러닝 모델을 학습하고, 실시간으로 성능을 검증합니다."

심사역이 개발 환경에 관심을 보였다.
"보안은 어떻게 관리하고 계신가요?"

"출입 통제 시스템과 네트워크 보안을 이중으로 운영하고 있습니다."

서유진이 보안 설비를 설명했다.

"핵심 소스 코드는 별도의 폐쇄망에서만 접근가능하고, 모든 접근 이력을 기록합니다."

■ 품질관리 및 인증 현황

마지막으로 품질관리 체계를 점검했다.

"제품 품질 보증을 위한 인증이나 시스템은 어떤 것들이 있습니까?"

김민지 인사전략 본부장이 인증서들을 제시했다.

"ISO 9001 품질경영시스템, ISO 14001 환경경영시스템, ISO 27001 정보보안 경영시스템 인증, GS인증을 모두 취득했습니다."

KX거래소 심사팀장이 마지막 질문을 던졌다.

"현장을 직접 확인해 본 결과, AURION의 가장 큰 강점은 무엇이라고 생각하십니까?"

류강준이 잠시 생각한 후 답했다.

"기술력과 현장 적용 경험의 조화라고 생각합니다. 단순히 연구실에서 개발된 기술이 아니라, 실제 현장에서 검증된 솔루션을 보유하고 있고, 이를 지속적으로 개선할 수 있는 조직 역량을 갖추었습니다."

■ 현장실사 종료

4시간에 걸친 현장실사가 끝나고 심사팀이 떠난 후, AURION 팀원들은 회의실에 모였다.

"생각보다 꼼꼼하게 보는군요."

김도진이 말했다.

서유진은 물 한 모금을 들이킨 뒤 말했다.

"하지만 우리가 실제로 하고 있는 일들을 솔직하게 보여드렸으니 문제없을 것
같습니다."

류강준은 창밖의 저녁 햇살을 바라보며 천천히 고개를 끄덕였다.

"서류 속의 AURION이 아니라, 우리가 직접 만들어온 진짜 AURION을 보여
줄 수 있었던 기회였다고 생각합니다."

실무 가이드 57 현장실사 준비와 대응 전략

한국거래소의 현장실사는 상장예비심사 과정에서 기업의 실체를 확인하는 중
요한 절차다. 제출한 자료의 신뢰성을 검증하고, 기업의 경영 투명성·사업 운영
안정성·투자자 보호 체계 등을 현장에서 직접 점검하는 과정이다.

현장실사 주요 점검 요소와 준비 포인트

1. 경영진 및 임·직원 면담

- **기업 소개 및 성장 과정** : 창업 배경, 주요 기술, 성장 스토리를 일관성 있게
  전달해야 한다.

- **재무 운영 및 자금 관리** : 투자의사 결정 구조, 내부 승인 체계, 자금 운용 프로세스를 투명하게 설명할 필요가 있다.
- **향후 사업 전략** : 국내외 시장 확대 계획, 신사업 추진 방향, ESG·지속가능 경영 전략 등을 준비해야 긍정적 평가를 받을 수 있다.

2. 사업 현황 및 업계 전망 검증

- **매출원·주요 고객사** : 특정 고객사 의존도가 높을 경우 리스크 요인으로 지적될 수 있으므로 매출 다변화 전략을 설명하는 것이 필요하다.
- **산업 전망 자료** : 정부 정책, 글로벌트렌드, 경쟁사 분석 등을 근거로 향후 성장성에 대한 논리를 마련해야 한다.

3. 생산 및 연구개발 현장 확인

- **생산능력 및 품질관리** : 불량률, 생산량, 공정 개선 활동을 객관적 수치로 제시해야 한다.
- **연구개발 및 보안관리** : 핵심 기술 보유 여부, R&D 투자, 보안 시스템(출입통제·소스 코드 관리 등)을 강조할 필요가 있다.

4. 품질·인증 현황

- **국제 및 산업별 인증** : ISO 9001, ISO 14001, ISO 27001 등은 기본이며 업종별 필수 인증을 갖추어야 한다.
- **투자자 신뢰 확보** : 인증 취득 현황을 제시하면서 '지속적인 품질관리 체계'를 강조하면 심사에서 긍정적으로 작용한다.

5. 현장실사 대응 전략

- **사전 리허설** : 면담 예상 질문에 대한 답변을 경영진·실무자가 동일한 톤으로 준비해야 한다.
- **자료 일관성 확보** : 제출 서류와 현장 설명이 일치해야 하며, 불일치 발견 시 신뢰에 큰 타격을 받을 수 있다.
- **리스크 관리** : 예상되는 문제 영역(예 : 재무구조 취약, 특정 고객 집중 등)은 솔직히 밝히되 개선 계획을 함께 제시하는 것이 바람직하다.

조언

현장실사는 기업의 신뢰성과 운영 역량을 종합적으로 검증하는 자리다. 따라서 기업은 숫자(재무·매출 지표)와 스토리(비전·전략·조직 문화)를 균형 있게 준비해야 한다. 이는 심사위원뿐 아니라 향후 투자자들에게도 긍정적 신호로 작용한다.

거래소 방문 :
대표이사 면담

■■ 경영철학과 상장추진 배경

KX거래소 면담실, 창문 없는 밀폐된 공간에 긴장감이 흘렀다. 테이블 한쪽에는 코스닥시장본부 본부장 보급 임원과 반대편에는 류강준 대표가 앉아 있었다.

이것은 상장 예비심사의 마지막 단계 직전에 진행되는 대표이사 면담이었다. 서류심사와 현장실사를 마친 후, 상장위원회 개최 약 1주일 전에 실시되는 절차였다. 면담은 통상 20분에서 1시간가량 진행되지만, 이번에는 기술 탈취 소송이라는 중대한 변수가 걸려 있어 그 어느 때보다 신중한 자리가 될 것으로 보였다.

본부장 보급 임원이 첫 번째 질문을 던졌다.
"먼저 류강준 대표님의 경영철학과 AURION이 상장을 추진하게 된 배경을 말씀해 주시기 바랍니다."

"저의 경영철학은 '기술로 사회문제를 해결한다'입니다."
그가 진정성 있게 설명했다.
"기후 변화는 전 인류가 직면한 과제이고, AURION의 기술이 이 문제 해결에 기여할 수 있다고 믿습니다."

"상장을 추진하는 이유는 크게 세 가지입니다."

류강준이 체계적으로 설명했다.

"첫째, 글로벌 확장을 위한 자금 조달입니다. 기후 기술은 전 세계적 문제이기 때문에 해외 진출이 필수인데, 현재 자본만으로는 동남아와 유럽 시장 진출에 한계가 있습니다."

"둘째, 대형 프로젝트 수주를 위한 신뢰도 확보입니다. 현재 정부 R&D 과제나 지자체 프로젝트 입찰 시 상장회사 우대 조건이 많아, 비상장 기업으로는 참여 자체가 제한되는 경우가 빈번합니다. 특히 100억 원 이상 대형 사업에서는 상장회사 자격이 필수 요건인 경우가 대부분입니다."

"셋째, 연구개발 투자 확대와 기술 경쟁력 강화입니다. 현재 연간 R&D 투자 규모가 매출의 15% 수준인데, 상장 후 조달한 자금으로 이를 25%까지 늘려 AI 알고리즘 고도화와 차세대 센서 기술개발에 집중할 계획입니다. 특히 CCUS 기술 개발을 위해서는 향후 3년간 200억 원 규모의 투자가 필요한데, 현재 보유 자금만으로는 불가능한 상황입니다."

■ 핵심 심사 이슈 논의

〈소송 리스크 관리〉

두 번째 이슈를 제기했다.

"네오테크가 귀사를 상대로 기술 탈취 소송을 제기한 사실을 알고 있습니다. 이 소송이 귀사의 상장 적격성과 기업가치에 미칠 영향을 어떻게 평가하십니까?"

류강준은 준비된 자료를 제시하며 답했다.

"AURION의 기술은 완전히 독자 개발한 것입니다. 저희의 '지역 맞춤형 기후

적응 AI 솔루션'은 서유진 CTO 주도로 수년간 독자적으로 개발했습니다."

"개발 로그, 특허 출원 기록, 외부 기술 자문 이력까지 모든 과정을 문서화했으며, 이미 법정에서 증거로 제출했습니다."

그가 구체적인 근거를 제시했다.

"리스크 관리 측면에서도 충분히 준비했습니다. 만약 예상과 다른 결과가 나오더라도, 예상 손실액은 당사 자본금 대비 5% 미만으로 재무 건전성에는 큰 영향이 없습니다."

■ 재무 안정성과 자금 활용

세 번째 질문을 이어갔다.

"최근 영업 현금흐름 적자와 차입금 증가로 재무 안정성 우려가 있습니다. 상장 후 조달 자금을 어떻게 활용할 계획입니까?"

류강준이 명확하게 답변했다.

"현금흐름 적자는 패스트 이노베이션 인수 및 해외법인 설립에 따른 일시적 현상입니다."

그가 상황을 설명한 후 계속 답변을 이어 나갔다.

"현재 Pre-IPO 투자로 유동성을 확보했고, 재무 안정성에는 문제가 없습니다."

"IPO 자금은 크게 다섯 분야에 투입됩니다."

류강준이 구체적인 계획을 제시했나.

"차입금 일부 상환 25%, 해외 진출과 현지 법인 설립 35%, 생산설비 확장

20%, 지속적 R&D 투자 15%, 핵심 인재 확보 5%입니다. 특히 차입금 상환을 통해 부채비율을 90% 수준으로 낮춰 재무 안정성을 개선할 계획이며, 미국과 동남아시아 시장에서 현지 파트너십 구축을 최우선 목표로 삼고 있습니다."

최종 질문과 결과 대기

마지막 질문을 던졌다.

"기술 인력에 대한 의존도가 높은데, 핵심 인재 유출 시 사업 지속성에 문제는 없습니까?"

"충분히 대비하고 있습니다. 기술 문서화를 철저히 했고, 모든 핵심 기술은 반드시 3명 이상이 이해할 수 있도록 지식 전수 체계를 갖췄습니다. 또한 장기계약과 스톡옵션으로 핵심 인재를 안정적으로 확보했으며, 신규 채용과 교육으로 기술 역량을 확산시키고 있습니다."

그가 구체적인 대책방안을 설명했다.

본부장은 잠시 그를 주시하다가 고개를 끄덕였다. 면담은 1시간 정도 진행되었다. 질문은 집요했고, 분위기는 긴장이 감돌았지만, 류강준은 끝내 방어가 아닌 비전으로 답변을 이어갔다.

"질문을 마무리하겠습니다." 본부장 보급 임원의 말과 함께 면담은 막을 내렸다.

KX거래소를 나서자 밖에서 기다리고 있던 팀원들의 시선이 일제히 류강준에게 집중됐다. 최강혁, 서유진, 이아름의 표정에는 긴장과 기대가 뒤섞여 있었다.

"어떠셨나요?"

서유진이 조심스럽게 물었다.

류강준은 후련한 표정으로 말했다.

"할 수 있는 답변은 모두 전달했습니다. 이제 결과를 기다려 봅시다."

58 대표이사 면담 체크포인트

단순한 사실 확인을 넘어, 상장 이후에도 기업이 얼마나 안정적이고 신뢰할 만한 경영을 이어갈 수 있는지를 검증하는 절차다. 이 자리에서는 대표이사의 비전과 철학, 그리고 리더십이 고스란히 드러난다.

대표이사 면담 주요 체크포인트

1. 경영철학 및 비전 제시

- 창업 동기와 기업의 존재 이유를 명확히 전달한다.
- 상장을 통한 자금 조달이 단순한 재무 목적이 아니라, 산업 혁신·사회적 가치 창출과 같은 장기적 목표와 연결되어 있음을 강조한다.
- 기업의 핵심 가치(예 : ESG, 고객 신뢰, 기술혁신)를 구체적인 사례와 함께 설명한다.

2. 상장추진 배경과 전략적 의미

- IPO를 통해 확보한 자금을 어떻게 활용할지(예 : R&D 강화, 글로벌 진출, 인재 확보 등) 구체적으로 설명해야 한다.
- 상장이 단기 성과가 아닌 지속 성장 전략의 일환임을 강조한다.

- 상장이 회사의 글로벌 신뢰도 제고, 파트너십 확대, 우수 인재 유치에 기여할 수 있음을 명확히 제시한다.

3. 대표이사의 리더십과 신뢰성

- 경영진·임직원과의 협업체계, 기업문화, 핵심 인재 확보·유지 전략을 구체적으로 설명한다.
- 투자자 보호와 공정한 시장 운영에 대한 책임감을 강조한다.
- 심사위원의 질문에 모호하게 답하기보다는, 솔직하고 일관된 답변을 통해 신뢰를 쌓는 것이 중요하다.

조언

대표이사 면담은 서류로 드러나지 않는 '사람'과 '조직의 진정성'을 평가하는 자리다. 심사위원들은 수백 건의 면담 경험으로 형식적인 답변과 진심을 구분할 수 있으므로, 준비된 스크립트를 암기하기보다는 본인의 언어로 솔직하게 답변하는 것이 효과적이다. 특히 어려운 질문(예 : 경쟁사 소송, 실적 저하, 핵심 인력 이탈 등)에 대해서도 회피하거나 미화하지 말고, 문제를 인식하고 있으며 구체적인 개선 방안을 실행 중임을 보여주는 것이 신뢰를 얻는 길이다.

정의의 심판 :
승리의 포효

■■ 운명의 1시간 : 숨겨진 진실의 발견

IPO 심사위원회와의 면담을 마친 AURION 사무실은 조용했다. 커피머신의 스팀 소리, 형광등의 미세한 웅웅거림, 창밖 자동차 소음조차 더욱 크게 느껴졌다. 며칠 뒤로 예정된 기술 탈취 소송 판결에 모든 것이 걸려 있었다. IPO 승인 여부가 이 한 번의 판결에 달려 있다는 사실을 모두가 알고 있었다.

드디어 운명의 날이 밝았다.

서울중앙지방법원 인근 카페에서 류강준과 서유진은 정태수 전무와 마주 앉았다. 오전 8시 30분, 판결 1시간 전 만남을 요청하였다.

"정 전무님, 시간 내주셔서 감사합니다."
류강준이 차분하게 말했다.

정태수는 불안한 표정으로 두 사람을 바라봤다.
"무슨 일로 갑자기..."

서유진이 태블릿을 켜며 화면을 보여줬다.
"이것을 보시죠."

그때 서유진이 태블릿을 켰다. 화면 위로 문자 메시지 내역이 떠오르자 정태수의 손이 미묘하게 떨렸다. 그러나 그것은 단순한 대화 목록이 아니었다. 메시지의 메타데이터, 전송 시각, IP 주소, GPS 좌표까지... 모든 디지털 흔적이 포렌식 기술로 정밀하게 추적·분석된 증거였다.

"디지털 포렌식 결과입니다."

류강준은 화면을 가리키며 말했다.
"당신과 서유진 CTO 간의 모든 기록, 그리고 그 뒤에 숨겨진 사실들까지, 이미 모두 확인되었습니다."
정태수의 얼굴은 순식간에 창백해졌다.

"여기 보시죠."
서유진이 특정 부분을 확대했다.

"2020년 1월 15일, 오후 2시 43분. 네오테크 5층 회의실. 그때 저에게 질문을 던지셨죠. 그리고 같은 시각, 오윤서 대표와의 통화 기록이 남아 있습니다."

류강준이 마지막 일격을 날렸다.
"정 전무님, 이제 선택은 당신의 몫입니다. 만약 오윤서 대표가 기술을 빼내오라 지시한 사실이 있다면, 오늘 법정에서 진실을 말씀해 주시기 바랍니다."

정태수의 시선은 태블릿 화면과 두 사람 사이를 오가다 결국 허공에 멈췄다. 그의 호흡은 점점 가빠졌다.

▪ 정태수의 과거 회상

정태수의 머릿속에 3년 전 기억이 떠올랐다.

그 후 3년간, 오윤서는 한 번도 약속을 지키지 않았다. 성과를 내도, 실적을 올려도, 항상 '조금 더 기다려봐'라는 말만 되풀이 했다.

▪ 법정의 마지막 변론

2027년 5월 7일 오전 9시 30분, 서울중앙지방법원 제15민사부.

법정 문이 열리자마자 긴장감이 물밀듯이 흘러들어왔다. 피고석에 앉은 AURION 팀원들의 표정은 각기 달랐다. 류강준은 떨리는 손을 무릎에 쥐었고, 서유진은 시선을 바닥에 고정한 채 입술을 깨물었다.

원고석에는 네오테크의 오윤서 대표가 자신만만한 표정으로 앉아 있었다. 오윤서의 눈빛에는 '이번엔 끝장이다'라는 확신이 담겨 있었다. 하지만 정태수의 표정은 고민과 불안으로 가득 차 있었다.

최후 변론이 시작됐다.

원고 측 변호인이 일어서며 법정을 살펴봤다.

"존경하는 재판장님, 피고 AURION의 행위는 치밀하게 계획된 기술 탈취입니다."

변호인은 잠시 뜸을 들이며 AURION 측을 바라봤다.

"문제의 '자가 학습-재훈련 로직'과 '미세 기류 제어 원리'는 우리 의뢰인이 20년간 수십억 원을 투입해 개발한 핵심 기술입니다."

김태하 판사가 피고 측을 바라봤다.

"피고 측, 기술 탈취 혐의에 대한 반박이 있습니까?"

류강준이 천천히 일어섰다.

"존경하는 재판장님."

그의 목소리는 떨렸지만 한마디 한마디 분명하게 말했다.

"저희가 개발한 기술은 14년간의 피와 땀 속에서 탄생했습니다."

■ 디지털 포렌식의 결정타

그리고 피고 측 변호사가 새로운 증거를 제시했다.

"재판장님, 저희가 새롭게 확보한 디지털 포렌식 증거를 제출하겠습니다."

대형 스크린에 복잡한 데이터 분석 결과가 떠올랐다. AURION 개발 코드의 메타데이터, 파일 생성 시점, 수정 이력이 초 단위까지 정확하게 표시되었다.

디지털 포렌식 전문가가 증인석에 올랐다.

"이 분석 결과에 따르면, AURION의 핵심 알고리즘은 2013년 6월부터 개발이 시작되었습니다."

그가 화면을 가리키며 설명했다.

"원고가 주장하는 기술 유출 시점보다 10년을 앞섭니다."

방청석에서 작은 탄성이 나왔고, 원고 측 변호인의 얼굴은 굳어졌다.

■ 오윤서의 배신과 정태수의 분노

그런데 더 큰 충격이 기다리고 있었다.

"재판장님, 이 모든 것은 정태수 전무가 저희 지시 없이 독단으로 진행한 일입니다!"

오윤서 대표가 일어났다.

"저는 이런 일이 일어나고 있는지도 몰랐습니다. 정태수 전무가 개인적 판단으로 진행한 것입니다."

그 순간, 정태수 전무의 얼굴이 붉게 달아올랐다.

"거짓말입니다!"

정태수가 격분하며 일어났다.

"모든 것이 오윤서 대표의 직접 지시였습니다!"

법정이 술렁이기 시작했다.

"증거가 있습니다!"

정태수가 휴대폰을 꺼내 들었다.

"녹음 파일이 있습니다!"

결정적 녹음 파일 공개

재판장이 물었다.

"원고 측과 피고 측, 녹음 파일 공개에 동의하십니까?"

원고 측 변호인은 자리에서 곧장 일어나 강하게 반대 의사를 밝혔다. 그러나 김태하 판사는 잠시 기록을 확인한 뒤 말했다.

"본 녹음은 사건의 핵심을 밝히는 중요한 증거로 판단됩니다. 따라서 증거로 채택하겠습니다."

잠시 법정 안이 술렁였고, 판사는 다시 정숙을 요청했다.

"그럼 지금부터 녹음 파일을 법정에서 재생하겠습니다."

스피커를 통해 오윤서와 정태수의 대화가 울려 퍼졌다.

오윤서 : "정태수, AURION이라는 회사 알아?"
정태수 : "기후테크 스타트업 말씀이시죠?"
오윤서 : "그 회사 CTO 서유진이 우리 출신이야. 그 여자한테서 기술정보를 빼내 올 수 있겠어?"
정태수 : "그건… 너무 위험하지 않을까요?"
오윤서 : "위험? 그들이 IPO 준비 중이라는 거 알고 있지? 우리가 소송을 걸어서 IPO 를 실패시키고, 유동성 위기에 빠뜨린 다음 M&A로 흡수하는 거야. 완벽한 계획이지."

법정이 충격에 휩싸였다. 오윤서의 얼굴이 창백해졌다.

녹음 내용을 모두 듣고 나자, 여기저기서 낮은 속삭임이 들려왔다.

■■ 역사적 판결의 순간

김태하 판사가 재판석에 앉자마자 법정 안의 속삭임이 사라졌다.

"본 법정은 원고 네오테크가 피고 AURION을 상대로 제기한 기술 탈취 소송에 대해 심리를 마쳤습니다."

수많은 기술 소송을 다뤄온 그의 목소리에는 흔들림이 없었다.

"제출된 디지털 포렌식 증거와 녹음 파일을 통해 본 사건의 진실이 명확히 드러났습니다." 김태하 판사가 엄중하게 말했다.

"피고 AURION의 기술은 독자적으로 개발된 것이 명백하며, 오히려 원고 측이 계획적으로 기술 탈취를 시도했음이 확인되었습니다."

법정이 고요해졌다. 모든 이가 숨을 죽인 채 다음 말을 기다렸다.

"따라서 본 법정은 원고 네오테크의 신청을 기각합니다!"

■ 승리의 순간

그 순간, 류강준의 손에서 볼펜이 떨어졌다. 바닥에 굴러떨어진 볼펜 소리만이 적막한 법정에 울려 퍼졌다. 이아름은 입을 벌린 채 말을 잃었고, 서유진은 두 손으로 얼굴을 가리며 눈물을 흘리고 있었다.

피고석에서 안도의 한숨이 터져 나왔다. 몇 달간 짓눌렸던 중압감이 한순간에 해소되었다.

반면 원고석의 오윤서 대표는 충격에 휩싸인 채 자리에서 벌떡 일어났다.
"이럴 수가…이럴 수가…"
중얼거림이 법정에 번졌지만, 이미 판결은 끝난 상태였다.

■ 사무실로 전해진 승리의 소식

"여보세요? 그래서 어떻게 됐나요?"
전화기를 받은 류강준의 목소리는 떨렸다. 사무실의 모든 팀원들은 그 전화 너머 답변을 애타게 기다리고 있었다.

"…네? 정말인가요? 정말인가요?!"

긴장감으로 가득했던 그의 얼굴이 점점 밝아졌다. 전화를 내려놓는 순간, 억눌러왔던 감정이 폭발했다.
"됐습니다! 됐어요!!! 우리가 이겼습니다!!!"라는 외침으로 사무실 안이 가득 찼다.

순간 정적으로 가득 차 있던 사무실이 환호로 폭발했다. "정말인가요?!", "대박이다!" 함성과 함께 여기저기서 터져 나온 박수 소리로 가득 찼다. 평소 과묵했던 개발팀 막내 김민수가 "으악!" 소리를 지르며 의자에서 벌떡 일어났고, 회계팀 박소영은 눈물을 훔치며 동료들과 얼싸안았다.

오랜 긴장감이 한순간에 무너졌다. 책상 위에 쌓인 대응 보고서들, 형광펜 자국이 가득한 법률 검토서, 밤샘 작업으로 생긴 다크서클이 이제는 승리의 훈장처럼 느껴졌다.

이날 AURION은 어떤 외부 인증보다 값진 것을 얻었다. '해낼 수 있다'는 내부의 확신을 얻었고, 그 확신이야말로 기업이 가질 수 있는 가장 강력한 무기였다.

판결 승리는 법적 승리를 넘어서는 의미였다. IPO 상장 승인에 대한 가장 큰 불확실성이 해소된 결정적 전환점이었다.

59 기업지배구조와 사외이사 제도의 이해 및 운영

기업환경에서 기업지배구조는 단순한 경영 시스템을 넘어 기업의 지속가능성과 경쟁력을 결정하는 핵심 요소가 되었다. 특히 상장을 준비하는 기업에게는 투명하고 효율적인 기업지배구조 구축이 필수적이며, 이 중에서도 사외이사 제도는 가장 중요한 제도적 장치이다.

기업지배구조와 사외이사 제도 완전 실무 가이드

1. 기업지배구조의 이해와 중요성

1) 기업지배구조의 정의와 목적

- **정의** : 기업 내부의 의사결정시스템, 이사회와 감사의 역할과 기능, 경영자와 주주와의 관계 등을 총칭하는 포괄적 개념
- **협의의 의미** : 기업경영자가 이해관계자, 특히 주주의 이익을 위해 제역할을 다할 수 있도록 감시·통제하는 체계
- **광의의 의미** : 기업 경영과 관련된 의사결정에 영향을 미치는 모든 요소(시장 규제, 금융감독체계, 관행 및 의식 등)를 포함

2) 소유와 경영의 분리와 대리인 이론

- **대리인 문제 발생 배경** : 현대 기업에서 소유자(주주)와 경영자가 분리되면서 발생하는 이해관계의 충돌
- **정보 비대칭성** : 경영자가 주주보다 더 많은 정보를 보유하여 자신의 이익을 우선시할 가능성
- **목적 갈등** : 주주는 이익 극대화를, 경영자는 안정적 경영과 사적 이익을 추구하는 상이한 목표 구조
- **해결 메커니즘** : 이사회의 감시 기능, 인센티브 제도, 외부 감시 시장(M&A 시장, 경영자 노동시장) 등을 통한 통제

3) 기업지배구조 메커니즘의 구성요소

- **소유구조** : 블록 홀더(대주주), 기관투자자의 역할과 영향력
- **이사회** : 주주를 대신하여 경영진을 감시하고 통제하는 핵심 기관
- **경영자 보상** : 주주와 경영자의 이해를 일치시키기 위한 보상제도 설계
- **외부 시장** : M&A 시장(기업지배권 시장), 경영자 노동시장을 통한 외부 규율

2. 이사회의 역할과 기능

1) 이사회의 핵심 기능

- **의사결정 기능** : 법령 또는 정관에 정해진 사항, 주주총회로부터 위임받은 사항, 회사경영의 기본 방침 및 업무 집행에 관한 중요사항을 의결
- **감독 기능** : 이사의 직무집행을 감독하고, 대표이사 등의 업무집행에 대한 감시와 견제 역할 수행
- **내부통제 감독** : 회사의 내부통제 전반에 대한 감독 및 리스크 관리를 위한 환경과 체제 구축
- **전략적 자문** : 회사의 장기적 성장 전략 수립과 중요한 경영 의사결정에 대한 전문적 조언 제공

2) 이사회 구성 원칙

- **전문성** : 다양한 분야의 전문가로 이사회를 구성하여 충분한 경쟁력과 책임감을 갖춘 의사결정 수행
- **독립성** : 경영진과 지배주주로부터 독립적인 위치에서 객관적 판단 수행
- **다양성** : 성별, 연령, 종교, 국적, 인종, 민족, 문화적 배경 등을 고려한 다양한 구성
- **균형성** : 사내이사와 사외이사 간의 적절한 균형을 통한 효과적인 견제와 협력 구조

3) 이사회의 의사결정 프로세스

- **중요 업무 집행 결의** : 상법 제393조에 따라 대표이사에게 위임할 수 없는 중요한 업무 집행 사항은 반드시 이사회가 결정
- **정보 제공과 검토** : 충분한 정보 제공을 바탕으로 한 심도 있는 검토와 토론
- **독립적 판단** : 경영진의 제안에 대한 비판적 검토와 독립적 의사결정
- **결의 및 감독** : 결의 사항의 집행 과정에 대한 지속적인 모니터링과 평가

3. 사외이사 제도의 이해

1) 사외이사의 정의와 자격요건

- **법적 정의** : 해당 회사의 상무에 종사하지 아니하는 이사로서 상법 제382조 제3항 각 호에 해당하지 않는 자

- **결격사유(상법 제382조 제3항)**
  - 회사의 상무에 종사하는 이사·집행임원 및 피용자 또는 최근 2년 이내 해당 직무 경험자
  - 최대 주주가 자연인인 경우 본인과 그 배우자 및 직계 존속·비속
  - 최대 주주가 법인인 경우 그 법인의 이사·감사·집행임원 및 피용자

- **상장회사 추가 결격사유(상법 제542조의8 제2항)**
  - 미성년자, 피성년후견인 또는 피한정후견인
  - 금고 이상의 형을 선고받고 그 집행이 끝나거나 집행이 면제된 후 2년이 지나지 않은 자
  - 주요 주주(발행주식총수의 10% 이상 소유) 및 그의 배우자와 직계 존속·비속

2) 사외이사의 역할과 기능

- **경영 감시** : 대주주 및 경영진에 대한 독립적 감시를 통한 소액주주 보호
- **전문적 자문** : 각 분야의 전문성을 바탕으로 한 경영 의사결정에 대한 조언
- **이해관계 조정** : 다양한 이해관계자 간의 갈등 조정 및 균형 있는 의사결정 지원
- **투명성 제고** : 경영의 투명성과 윤리성 확보를 위한 견제 기능
- **ESG 경영 지원** : 환경·사회·지배구조 관련 경영 이슈에 대한 전문적 조언과 감독

3) 사외이사 제도의 도입 효과

- **대리인 비용 감소** : 소유자와 경영자 간 이해관계 충돌로 인한 비용 절감
- **경영 투명성 향상** : 독립적 감시를 통한 경영의 투명성과 신뢰성 제고
- **기업가치 증대** : 효율적인 지배구조를 통한 장기적 기업가치 향상
- **투자자 신뢰 확보** : 국내외 투자자들의 신뢰와 투자 유치 효과

4. 상장회사 사외이사 의무 선임

1) 법적 의무 사항

- **일반 상장회사** : 이사 총수의 1/4 이상을 사외이사로 선임(상법 제542조의 8 제1항)
- **대규모 상장회사** : 자산규모 등을 고려하여 대통령령으로 정하는 상장회사는 사외이사 3명 이상으로 하되, 이사 총수의 과반수가 되도록 구성
- **금융회사** : 사외이사 3인 이상으로 하되 전체 이사수의 과반수로 구성(금융회사의 지배구조에 관한 법률)

2) 사외이사 후보추천위원회 운영

- **설치 의무** : 대규모 상장회사는 사외이사 후보를 추천하기 위하여 사외이사 후보추천위원회를 설치
- **구성** : 사외이사가 총위원의 과반수가 되도록 구성(일부 회사는 사외이사 전원으로 구성)
- **추천 절차** : 주주총회에서 사외이사를 선임할 때는 반드시 사외이사 후보추천위원회의 추천을 받은 자 중에서 선임
- **주주 추천권** : 일정 요건을 갖춘 주주가 주주총회일 6주 전에 추천한 사외이사 후보를 포함시켜야 함

5. 사외이사 선임 절차 및 운영

1) 선임 절차

- **후보자 발굴** : 사외이사 후보추천위원회를 통한 체계적 후보자 발굴
- **자격 검증** : 법적 자격요건 및 독립성 요건 충족 여부 확인
- **전문성 평가** : 해당 분야 전문성, 경험, 역량 등에 대한 종합적 평가
- **위원회 추천** : 사외이사 후보추천위원회의 공정한 심의와 추천
- **이사회 승인** : 이사회에서 주주총회 상정 후보에 대한 최종 승인
- **주주총회 선임** : 주주총회에서 주주들의 결의를 통한 최종 선임

2) 독립성 확보 방안

- **자격요건 확인서 제출** : 사외이사 자격요건 확인서 및 적격 확인서 작성
- **이해관계 신고** : 회사 경영진 및 지배주주와 관련하여 직무수행의 중립성을 저해할 우려가 있는 이해관계 신고
- **겸직 제한** : 관련 법에 의거 해 2개 이상의 상장회사 사외이사직 겸직 제한
- **거래 내역 공시** : 사외이사와 회사 및 계열회사 간의 거래 내역 투명 공개

3) 효과적인 사외이사 운영

- **충분한 정보 제공** : 이사회 안건에 대한 사전 충분한 정보 제공
- **이사회 사무국 지원** : 독립 조직인 이사회 사무국을 통한 전문적 업무 지원
- **선임사외이사 제도** : 사외이사를 대표하는 선임사외이사 선임을 통한 효율적 운영
- **전문가 지원** : 필요시 외부 전문 인력의 지원을 받을 수 있는 체계 구축
- **적정 보수** : 전문성 있는 사외이사에 대한 합리적 보수 수준 설정

6. 이해관계자 경영과 ESG

1) 이해관계자 자본주의의 대두

- **전통적 주주자본주의 한계** : 단기적 주주 이익 극대화에 치중하여 장기적 지속가능성 저해
- **이해관계자 확대** : 주주뿐만 아니라 고객, 임·직원, 지역사회, 환경 등 다양한 이해관계자 고려
- **ESG 경영 중요성** : 환경(Environmental), 사회(Social), 지배구조(Governance) 요소를 통합한 지속가능경영

2) 사외이사의 ESG 역할

- **ESG 전략 수립** : 회사의 ESG 경영 전략 수립과 이행에 대한 전문적 조언
- **ESG 리스크 관리** : ESG 관련 리스크 식별 및 관리 방안 마련
- **이해관계자 소통** : 다양한 이해관계자와의 소통 채널 구축 및 의견 수렴
- **ESG 성과 평가** : ESG 경영 성과에 대한 객관적 평가 및 개선 방안 제시

7. 실무상 고려 사항과 개선 방향

1) 현행 제도의 한계와 과제

- **형식적 운영** : 법적 요건 충족에 그쳐 실질적 견제 기능 미흡
- **정보 접근성** : 경영진 대비 상대적으로 제한된 정보 접근으로 인한 판단 한계
- **전문성 부족** : 해당 산업에 대한 깊이 있는 이해 부족으로 인한 실효성 문제
- **보수 현실화** : 전문성과 책임에 비해 상대적으로 낮은 보수 수준

2) 제도 개선 방향

- **전문성 강화** : 해당 산업 및 기업 특성에 부합하는 전문 인력 풀 확충
- **정보 제공 확대** : 사외이사의 효과적 의사결정을 위한 충분하고 적시적인 정보 제공

- **책임성 제고** : 사외이사의 역할과 책임에 대한 명확한 기준 및 평가 체계 구축
- **다양성 확보** : 성별, 연령, 전문 분야 등 다양한 배경을 가진 사외이사 선임 확대

3) 향후 전망

- **ESG 인프라 역할** : ESG 경영을 위한 전문성과 다양성을 갖춘 이사회 구성 필요성 증대
- **디지털 전환 대응** : 디지털 기술 발전에 따른 새로운 리스크와 기회에 대한 전문적 조언 역할 확대
- **글로벌 스탠다드** : 국제적 기업지배구조 기준에 부합하는 제도 개선 지속

조언

효과적인 기업지배구조는 법적 요건의 충족을 넘어 실질적인 견제와 균형을 통해 달성된다. 특히 사외이사 제도의 성공은 적절한 인재 선임, 충분한 정보 제공, 독립성 보장, 합리적 보상 등이 종합적으로 뒷받침될 때 가능하다. 기업은 이를 단순한 규제 준수 차원이 아닌 지속 가능한 성장을 위한 핵심 인프라로 인식하고 투자해야 한다.

승인의 울림 :

침묵을 깬 함성

■ 기다림의 무게

기술 탈취 소송에서 승소 판결이 나온 후, AURION 사무실은 잠시 축제 분위기에 휩싸였다. 그러나 곧 그 기쁨은 또 다른 종류의 긴장감에 잠식되며 사무실을 감쌌다. 법정에서의 승리는 IPO 심사를 통과할 가장 큰 걸림돌을 제거한 셈이었지만, 아직 KX거래소의 최종 상장 예비심사 심의가 남아있었다.

평상시처럼 키보드를 두드리며 보고서를 다듬고 있었지만, 집중은 전혀 되지 않았다. 이아름은 커피잔을 들었다 놓았다를 반복하며 창밖을 바라보고 있었고, 서유진은 모니터 속 코드를 응시했지만, 한 글자도 머리에 들어오지 않았다. 최강혁은 빈 엑셀 시트를 띄워놓은 채 펜만 돌리고 있었다.

틱, 틱, 틱. 벽시계의 초침 소리만이 사무실을 지배했다. 평소엔 전혀 들리지 않던 그 소리가 지금은 초조하게 일분일초를 재고 있었다.

"상장위원회가 오늘 열린다고 했죠?"
김민지 인사전략 본부장이 나지막하게 중얼거렸다.

류강준은 사무실에서 차분히 대기했다. 1주일 전 코스닥시장본부 본부장보와의 대표이사 면담을 마쳤고, 오늘 상장위원회가 열린다는 통보를 받았다. 상장위원들이 모여 최종 승인 여부를 결정하는 자리. 그리고 그 결과는 당일 통보된다.

■ 운명의 순간

2027년 6월 16일 오후 2시. KX거래소 상장위원회 회의실 밖 대기실에서 류강준은 초조하게 시간을 확인했다. 회의실 안에서는 상장위원 9명이 모여 AURION의 예비 심사 승인 여부를 심의하고 있었다.

서류심사, 현장실사, 전문가 회의, 대표이사 면담까지 모든 과정을 거쳐 마지막 관문에 도달했다. 특히 기술 탈취 소송이라는 중대한 변수가 있었던 만큼, 더욱 긴장감이 흘렀다.

잠시 후, 대기실 문이 열리며 담당 직원이 류강준을 불렀다.
"대표님, 질의응답을 위해 입장해 주십시오."

류강준이 회의실 안으로 들어서자, 상장위원들의 시선이 일제히 그에게 집중됐다. 약 15분간의 질의응답이 이어졌다. 기술 소송 결과, 재무 안정성, 향후 성장 전략에 대한 질문들이 쏟아졌다.

"감사합니다. 결과는 추후 통보 드리겠습니다."
상장위원장의 말에 따라 류강준은 대기실로 나왔다.

■ 긴장의 순간

KX거래소를 나서는 류강준의 발걸음은 무겁기만 했다. 택시 안에서도, 사무실로 향하는 내내 심장이 두근거렸다.

오후 3시 30분, 사무실로 돌아온 류강준을 직원들이 긴장된 표정으로 맞이했다.

"대표님, 어떻게 됐어요?"
서유진이 조심스럽게 물었다.

"질의응답은 마쳤는데... 결과는 몇 시간 후 통보한다고 하네요."
류강준이 답했다.

사무실은 다시 정적에 휩싸였다. 모두가 각자 자리로 돌아갔지만, 아무도 제대로 일을 할 수 없었다. 시선은 모니터를 향하고 있었지만, 귀는 전화벨 소리만 기다리고 있었다.

■ 운명을 가르는 전화

오후 5시 12분. 류강준의 휴대폰이 울렸다.

김도윤의 번호가 화면에 떠올랐다. 류강준은 심호흡을 한 번 하고 수화기를 집었다. 사무실 안의 모든 시선이 그에게 집중됐다.

"대표님."
묘한 설렘이 섞인 김도윤의 목소리가 들렸다.

"축하드립니다. 방금 KX거래소로부터 연락받았습니다. AURION, 상장예비심사 승인입니다."
그 한마디에 시간이 멈춘 듯했다. 류강준은 전화기를 귀에서 떼고 다시 물었다. 이게 정말 사실인지 확인하고 싶었다.

"지금... 뭐라고 하셨습니까? 정말... 승인입니까?"

"네, 맞습니다. 상장위원회에서 예비심사 승인 결정을 내렸습니다. 곧 공식 공문을 보내드리겠습니다. 다만, 심사 과정에서 제기된 일부 사항에 대한 조건부 권고가 포함되어 있습니다. 증권신고서 제출 시 투자위험 요소를 충분히 공시하라는 내용입니다. 특히 네오테크와의 기술 소송 결과, 그리고 재무 안정성 확보 계획을 명시해야 합니다."

■■ 폭발하는 환희

전화를 끊은 류강준은 사무실을 천천히 둘러봤다.

"여러분..." 그의 목소리가 떨렸다. "해냈습니다. IPO 상장 예비심사, 승인입니다!"

사무실에서는 환호성이 터져 나왔다. 마케팅팀 막내 김현지가 "진짜요?!" 소리치며 의자에서 벌떡 일어났고, 디자이너 박소영은 손으로 입을 막으며 놀라워했다. 영업팀 이은수는 책상을 탁 치며 "대박!"이라고 외쳤고, 회계팀 한상진은 평소 과묵한 성격을 잊고 박수를 쳤다.

사무실이 순식간에 축제 분위기로 바뀌었다. 몇 달간 쌓였던 스트레스와 불안이 기쁨과 안도로 전환되었다.

한 시간 후, 김도윤이 공식 공문을 들고 사무실에 도착했다. 류강준은 공문을 확인했다. 'AURION 상장예비심사 승인'이라는 문구가 명확하게 적혀 있었다.

"대표님, KX 홈페이지에도 상장예비심사 승인 공문이 게시됐습니다."
김도윤이 노트북을 보여주며 말했다.

■ 승리의 밤

류강준은 창가에 서서 바깥을 바라봤다. 매일 마주하는 똑같은 사무실 밖의 풍경이었지만, 오늘은 모든 것이 새롭게 보였다.

"대표님."
서유진이 다가왔다. 그녀의 눈가는 여전히 붉었다.
"정말 믿어지지 않습니다."

"저도 마찬가지입니다."
류강준이 답했다.

최강혁은 이 시점에도 노트북을 들고 다가왔다.
"상장예비심사 승인은 IPO의 70%를 완주한 셈입니다. 하지만 남은 일정도 매우 중요합니다."

그의 화면에는 향후 일정이 정리되어 있었다. 증권신고서 제출, 15영업일 효력 발생 대기, IR 활동, 수요예측, 공모가 확정, 청약 및 배정 등...

"특히 공모가 산정이 핵심입니다."
최강혁이 기쁨을 즐길 새도 없이 계속해서 이야기를 이어 나갔다.

"시장이 우리를 어떻게 평가할지, 투자자들이 얼마나 관심을 보일지..."

이아름이 대화에 끼어들었다.
"그래도 가장 큰 산은 넘었습니다. 기술 소송도 이겼고, 상장심사도 통과했고..."

"맞습니다."

류강준이 동의했다.

"오늘 하루는 좀 기뻐해도 된다고 생각합니다. 우리가 정말 대단한 일을 해냈으니까요."

실무 가이드 60 공모 단계 준비

상장예비심사 승인은 기업의 상장 적격성을 한국거래소가 공식적으로 인정했음을 의미하는 매우 중요한 마일스톤이다. 이는 IPO 공모 단계로 진입할 수 있는 자격을 부여한다.

예비심사 승인의 의미

- **상장 적격성 인정** : 기업의 예비심사 요건에 대해 한국거래소의 기준을 충족했음을 의미한다.
- **공신력 확보** : 정부 기관의 엄격한 심사를 통과했다는 점에서 대외적인 신뢰도와 기업 이미지가 크게 향상된다. 이는 향후 투자자 모집에 긍정적인 영향을 미친다.
- **다음 단계 진입 자격** : 예비심사 승인을 받아야만 증권신고서 제출, 수요예측, 일반 청약 등 IPO의 핵심 공모 절차를 진행할 수 있다.

승인 후 주요 후속 조치 및 과제

1. 증권신고서 제출 준비

- 예비심사 과정에서 지적된 보완 사항(예 : '탄소 저감 실효성' 소명, '재무 안정성' 설명 등)을 반영하여 증권신고서 내용을 최종 확정한다.
- 금융감독원에 증권신고서를 제출하고, 효력 발생까지의 기간(통상 15영업일)을 기다린다.

2. 공모가 산정 전략 고도화

- 성공적인 수요예측을 통해 '높은 공모가'를 달성하기 위한 전략을 주관사와 긴밀히 협의한다. 시장 상황, 유사 기업 분석, 기업가치 평가 등을 다시 점검한다.

3. IR(Investor Relations) 활동 강화

- 기관 투자자 및 일반 투자자들을 대상으로 하는 NDR(Non-Deal Roadshow), 기업 설명회(IR), 로드쇼 등 홍보 활동을 본격적으로 준비한다. 기업의 매력적인 '성장 스토리'와 '가치'를 효과적으로 전달해야 한다.

4. 법률 및 행정 절차 마무리

- 상장 신청을 위한 최종적인 법률 및 행정 서류를 준비하고, 한국거래소의 요구사항을 반영시킨다.
- **중요 기한** : 예비심사 승인 통보일로부터 6개월 이내에 신규상장 신청을 해야한다. 천재지변의 경우를 제외하고는 이 기한을 놓치면 승인 효력이 상실될 수 있다.

  예비심사 승인은 IPO의 큰 산을 넘은 것이지만, 결코 끝이 아니다. 이제부터는 '시장의 평가'를 직접적으로 받는 '공모'라는 더 큰 시험이 기다린다. IPO를 통한 '높은 공모가' 달성은 기업의 가치와 잠재력을 시장에 각인시키는 중요한 목표가 된다.

Chapter 9

공모의 열기, 성공적인 상장

예비심사 승인을 받은 AURION은 시장과의 본격적인 진검승부에 돌입한다. 공모가 밴드를 확정하고 증권신고서를 공시하며 투자자들에게 자신들의 가치를 설득한다.

전 세계를 누비는 IR 로드쇼는 류강준 대표의 비전과 최강혁 CFO의 냉철한 숫자, 그리고 이아름 CMO의 시장 커뮤니케이션이 투자자들의 마음을 움직인다. 치열한 수요예측 끝에 희망 밴드 최상단으로 공모가를 확정하고, 일반투자자 청약에서는 역대급 경쟁률을 기록하며 'AURION 신드롬'을 일으킨다. 마침내 상장 본심사를 통과하고 AURION은 KX거래소에서 상장 북을 치며 성공적으로 증시에 입성한다.

숫자와 공시 :
공모가 산정 및 증권신고서 제출

■ 승인 후의 새로운 전쟁

"여기까지 정말 잘해왔습니다. 상장 예비심사 통과도, 기술 소송 승리도 모두 여러분 덕분입니다. 이제부터는 공모 준비가 시작됩니다. 공모가 100원 차이가 수십억 원의 자금 조달 규모를 좌우하거든요."

최강혁이 자연스럽게 이어받았다.
"상장 예비심사는 자격을 인정받은 것이고, 이제는 시장이 우리 가치를 얼마로 평가할지 결정하는 단계입니다."

■ 공모가 산정, 숫자 뒤의 전략

이틀 후, 나이스투자증권 회의실에서 본격적인 공모가 산정 작업이 시작됐다.

김도윤이 프로젝터 앞에 서서 디지털 화이트보드에 복잡한 수식들을 그려가며 브리핑을 시작했다.

"공모가 산정의 핵심은 기업가치 평가입니다."
김도윤의 목소리에는 20년 경력의 무게감이 배어 있었다.

"네 가지 핵심 요소를 필수적으로 고려해야 합니다."

그가 보드에 번호를 매기며 체계적으로 설명을 이어 나갔다.

"첫째, 현재 시장 상황입니다. 최근 기술주 투자심리가 위축된 상태지만, AURION 같은 기후테크 기업에 대한 관심은 오히려 뜨거워지고 있습니다."

김도윤이 자료를 넘기며 계속했다.
"둘째, 밸류에이션 방법론 선정입니다. AURION의 경우 2029년 흑자 전환이 예상되므로 유사 기업의 Forward multiple을 단순 적용하기보다는, AURION의 미래 실적을 현재가치로 할인한 후 PER 배수를 적용하는 방식으로 진행합니다."

최강혁이 궁금해하며 물었다.
"다른 지표들은 왜 적용하기 어려운가요?"

"좋은 질문입니다."
김도윤이 설명했다.

"먼저 EV/EBITDA는 대규모 설비투자가 발생하여 높은 감가상각비용이 발생하는 제조업 등에 적합한 배수입니다. AURION의 경우도 유사하여 EV/EBITDA도 사용 가능하지만, Peer 그룹의 이전에 사용했던 PER multiple 방식이 현재 상황에서 더 적합해 보입니다."

"PBR은 어떤가요?"
서유진이 물었다.

"PBR은 금융업이나 자산 집약적 기업에 적합한 지표입니다. AURION 같은 소프트웨어 기반 기술 기업은 유형자산보다 무형자산, 즉 기술력과 인적 자원이 핵심 가치인데, 이는 장부가치에 제대로 반영되지 않습니다."

류강준이 고개를 끄덕이며 말했다.
"그렇다면 PSR은 어떤가요? 매출은 이미 발생하고 있으니까요."

김도윤이 답했다.
"PSR은 수익성을 전혀 고려하지 않는 지표입니다. 매출이 많아도 적자가 크면 기업가치가 낮을 수 있죠. 특히 AURION처럼 수익성 개선이 핵심 이슈인 기업에게는 부적합합니다."

"세 번째는 유사 회사 선정입니다. 국내외 기후테크 및 AI 솔루션 기업들을 벤치마크로 활용해야 합니다."

최강혁이 집중해서 설명을 듣고 있었다.
"기후테크 분야는 아직 상장사가 많지 않아서 비교 대상을 찾기가 쉽지 않겠습니다. 스마트팜 쪽은 그나마 몇 개 있지만요."

"맞습니다."
김도윤이 동의하며 계속 설명을 이어 나갔다.

"그래서 세 번째 요소가 중요합니다. 미래 이익 추정입니다. AURION의 3년 후 수익성 시나리오를 Best, Base, Worst Case로 나누어 추정해야 합니다."

"넷째, 투자자 설득 요소입니다."
김도윤이 네 번째 항목을 강조했다.

"ESG 투자 확산, 탄소중립 정책 가속화, 기후 재해 증가 등 거시적 트렌드를 스토리텔링으로 엮어내야 합니다. 이런 요소들이 실제로 밸류에이션 프리미엄을 좌우하거든요."

■ 밤샘 작업과 끝없는 수정

이번 주 내내 AURION 팀과 나이스투자증권 팀은 스프레드시트 속 숫자들과 치열한 전쟁을 벌였다. 수십 개의 시나리오, 수백 개의 변수를 조정하며 최적의 공모가 밴드를 찾는 중이었다.

"2027년 매출 1,200억 원, 2028년 2,500억 원, 2029년 3,800억 원, 2030년 4,500억 원..."

최강혁이 모니터 화면에 집중하며 중얼거렸다.

"이 시나리오가 현실적일까요? 그리고 Pre-IPO 투자자들이 40,000원에 투자했는데, 공모가가 그보다 낮으면 안 되죠."

서유진 CTO가 태블릿에서 기술개발 일정표를 펼쳐 보였다.

"B2B 스마트팩토리 솔루션은 2027년 하반기부터 본격 상용화됩니다. 스마트팩토리용 나노센서 플랫폼은 2028년 대량 공급 예정이고요. 숫자로만 보면 충분히 달성 가능해 보입니다."

이아름 CMO가 시장 조사 자료를 들여다보며 현실적인 우려 사항을 나타냈다.

"문제는 경쟁사들입니다. 네덜란드 밀립스가 스마트팜 센서 시장을 선점하고 있고, 독일 보샤는 스마트팩토리 솔루션에서 강세입니다. 기후테크 시장에서 우리만의 차별화 포인트를 확실히 부각시켜야 합니다."

김도윤이 침착하게 이야기에 개입했다.

"그래서 보수적 시나리오도 함께 준비하는 것입니다. 투자자들은 장밋빛 전망보다 현실적인 리스크 분석을 더 중요하게 봅니다. 그리고 Pre-IPO 라운드가 40,000원에 진행됐으니, 공모가는 최소 그 이상은 되어야 합니다."

최강혁이 재무 모델링을 빠르게 조작하며 계산을 시작했다.

"먼저 추정 손익부터 보겠습니다. 2027년 2Q 순이익 -18억 원, 2027년 순이익 추정치 -30억 원, 2028년 순이익 추정치 150억 원, 2029년 순이익 추정치 304억 원, 2030년 순이익 추정치가 450억 원입니다. 여기에 기후테크 업종 평균 PER 44.1배를 적용하면 2030년 기준 기업가치는 1조 9,800억 원이 나옵니다."

김도윤이 자료를 펼쳐 보였다.

기술특례상장 기업들은 불확실성 및 변동성이 높아 시장에서 현재가치를 계산할 때 높은 할인율이 적용됩니다. AURION도 기술특례상장 기업이므로 25%의 할인율을 적용하면 현재가치는 약 1조 4,700억 원 정도로 평가됩니다."

류강준이 고개를 끄덕였다.

"25% 할인을 적용했음에도 이 정도 기업가치면 보수적인 평가네요."

최강혁이 희석 후 주식 수를 계산하며 말했다.

"현재 발행주식 수 1,500만 주에 공모 375만 주를 발행하면 공모 후 총주식 수는 1,875만 주가 되고, 전환사채와 스톡옵션 행사분까지 고려하면 완전 희석 기준으로는 약 2,100만 주 정도가 될 것 같습니다."

김도윤이 최종 계산을 마치며 결론을 내렸다.

"추정 실적 기준 현금흐름 할인 기준 기업가치 1조 4,700억 원을 2,100만 주로

나누면 주당 가치가 70,000원이 나옵니다. 여기서 공모 할인율을 15~35%를 적
용하면 공모가 밴드를 45,500원에서 59,500원으로 잡는 것이 적정해 보입니다.”

류강준이 추가 근거를 제시했다.
“Pre-IPO 이후 3개월간 우리가 이뤄낸 성과를 보세요. 상성SDI와의 스마트팩
토리 추가 계약 20억 원, 미국 미슬라 기가 팩토리 파일럿 테스트 통과, 그리고 유
럽 3개국 진출 확정까지 이루어 내지 않았습니까? 기후테크 시장에서 이런 성과
가 긍정적으로 반영될 것으로 기대됩니다.”

최강혁이 마지막 검토를 마치며 말했다.
“결론적으로 공모가 밴드 45,500원~59,500원, 발행 예정 주식 수 375만 주로
전체 지분의 20%를 공모합니다. 약 1,706억 원에서 2,231억 원의 자금 조달이
가능합니다.

결국 수 차례의 수정 작업 끝에 AURION의 희망 공모가 밴드가 확정됐다.
45,500원~59,500원, 발행 예정 주식 수는 375만 주, 예상 시가총액은 9,555억
원~1조 2,495억 원이었다.

■ 증권신고서, 완벽을 향한 도전

공모가 밴드 확정과 동시에 증권신고서 작성이 본격화되었다. 이 문서는 투자
자들이 AURION을 처음 만나는 첫인상을 결정하는 동시에, 시장과의 약속을 의
미하는 것이었다.

“총 512페이지입니다.”
최강혁이 두터운 인쇄물을 들어 올렸다.

"사업의 내용부터 재무제표, 투자위험 요소까지 모든 것이 이 안에 담겨 있습니다."

김도윤이 형광펜을 들고 문서를 꼼꼼히 검토하기 시작했다.

"투자위험 요소 부분을 다시 봐야겠습니다. 상장예비심사에서 지적된 사항들이 모두 반영되었는지, 그리고 개선 사항 공시의무 관련 내용도 확인해야 합니다."

그가 한 페이지를 펼쳐 보였다.

"여기, 핵심 인력 의존도 위험성과 관련하여 서유진 CTO와 주요 개발진에 대한 의존도가 높다는 점을 명시해야 합니다. 그리고 연구개발비 지출 증가에 따른 재무 부담, 최대주주 의무보유 제도 관련 내용도 구체적으로 기재해야 합니다. 스톡옵션 행사로 인한 지분 희석 효과도 투자위험 요소에 포함시켜야 하고요."

"그리고 상장 후에도 정기적인 후속 공시의무가 있다는 점도 명시해야 합니다. 스톡옵션과 관련해서는 행사 시점과 의무 보유 확약 기간을 명확히 공시해야 합니다."

■ 증권신고서 정정 요구

2027년 7월 15일, 감독원에 증권신고서를 제출했다. 효력 발생 예정일은 15영업일 후인 8월 4일로 예상했다.

제출 일주일 후인 7월 22일, 감독원으로부터 미팅 요청이 왔다.

"정식 정정제출 요구는 아니고, 보완이 필요한 사항들에 대해 논의하자는 내용입니다."

김도윤이 설명했다.

"일반적으로는 이렇게 미팅을 통해 보완 사항을 확인한 후 자진정정 형태로 진행합니다. 크리티컬한 이슈가 있을 때만 정식 정정제출 요구가 나오는데, 그런 경우는 많지 않습니다."
7월 24일, 감독원과의 미팅에서 총 5개 항목의 보완 사항이 논의됐다.

"연구개발 활동 관련 세부 내용 보완, 유사 회사 선정 근거 명확화, 공모자금 사용계획 구체화…" 등 최강혁이 미팅 내용을 정리하며 읽어 내려갔다.

가장 예상치 못했던 요구는 경영 투명성 개선 방안에 대한 구체적 기재였다. 감독원은 기술특례상장 기업으로서 향후 내부통제 강화 계획과 이행 모니터링 방안에 대한 상세한 설명을 요구했다.

"이건 생각지도 못했습니다."
서유진이 당황스러워했다.

"우리가 무언가 문제가 있다는 것인가요?"
김도윤이 차분하게 설명했다.

"문제가 있어서가 아니라, 기술특례상장 기업에 대한 투자자 보호 차원에서 강화된 기준입니다. 개선 방안을 증권신고서에 기재하고, 상장 후에도 정기적으로 이행 현황을 공시해야 합니다."

또 다른 까다로운 요구는 공모가 산정 근거였다. 감독원은 Pre-IPO 투자 가격 40,000원과 공모가 밴드 45,500원~59,500원 사이의 가격 설정에 대한 설명을 요구했다.

김도윤이 솔루션을 제시했다.

"IPO 시점까지의 사업 진전과 시장환경 변화를 근거로 제시하면 됩니다. Pre-IPO 이후 추가 계약 체결, 기술개발 마일스톤 달성, 기후테크 시장의 관심 증가 등을 종합적으로 평가한 결과라고 설명하는 것입니다."

■ 자진정정 제출

다음 사흘간 AURION 사무실은 24시간 불야성을 이뤘다. 보완 사항에 대응하기 위해 전 팀원이 총동원됐다.

"핵심 인력 유지 방안을 구체적으로 기재하라고 하네요."
이아름이 노트북 키보드를 두드리며 진행 상황을 공유했다.

"스톡옵션 제도, 성과급 체계, 연구 환경 개선 계획까지 모두 넣어야 할 것 같습니다."

류강준이 커피잔을 들고 팀원들 사이를 돌아다니며 격려했다.
"빠뜨린 것이 없는지 다시 한번 점검합시다."

최강혁은 복잡한 스프레드시트와 씨름하고 있었다.
"공모자금 사용계획을 더 세분화하라고 하는데, 연구개발비를 월별로 나누어서 기재해야 할 것 같습니다. 그리고 운영자금 항목별 사용계획도 구체적으로 명시해야 합니다. 375만 주 발행으로 조달 예상 금액이 1,706억 원에서 2,231억 원 정도인데, 이 자금을 어떻게 배분할지도 타당성 있게 설계해야 합니다."

7월 28일 오전 10시, 드디어 자진 정정 형태로 증권신고서를 제출했다.

김도윤이 덧붙였다.
"감독원이 이번 정정 내용을 중요한 정보의 정정으로 판단하면 효력발생일이 정정일로부터 15일 재기산됩니다. 중요하지 않다고 판단하면 원래 일정대로 갑니다."

효력 발생, 시장과의 첫 만남

8월 4일, 증권신고서의 공식 효력이 발생했다.

"이제 투자자들이 우리 회사를 분석하고 있습니다."
류강준이 DART 화면을 바라보며 말했다.

이아름이 실시간으로 포털사이트 주식 커뮤니티를 모니터링하고 있었다.
"벌써 게시글이 급증하고 있습니다. 대부분 실적 분석이나 경쟁사 비교 내용이네요."

몇 시간 후, 첫 번째 증권사 리포트가 나왔다. 대진증권의 '목표가 65,000원, 투자의견 BUY'였다. 공모가 상단보다 높았다.

하지만 다음날 나온 또 다른 리포트는 달랐다. "목표가 N/R, 투자 의견 Hold. 높은 밸류에이션 대비 수익성 가시화 시점이 불분명"이라는 평가가 나왔다.

"시장 반응이 엇갈리고 있습니다."
최강혁이 여러 리포트를 비교하며 말했다.
"기후테크 성장성에 대한 관점 차이가 큰 것 같습니다."

김도윤이 다음 주 일정을 정리하며 말했다.

"이제 본격적인 IR 로드쇼가 시작됩니다. 예비투자설명서를 활용하여 효력발생 전부터 IR을 진행할 수 있습니다. 해외 NDR부터 국내 기관투자자 미팅까지 3주 간 빡빡한 일정이고, 효력발생일은 수요예측 3~4일 차로 설정했습니다. 투자자 들을 직접 설득해야 할 시간이 왔습니다."

실무 가이드 **61** Peer 그룹 선정

기업가치를 평가할 때 유사 기업과의 비교는 가장 보편적으로 활용하는 방법이 다. 특히 IPO 공모단계 진행 시 Peer 그룹 선정의 적절성은 밸류에이션 결과에 직접적인 영향을 미친다.

Peer 그룹 선정과 상대가치 평가의 핵심 원칙

1. Peer 그룹 선정의 중요성

- 산업 분류, 비즈니스 모델, 규모, 성장률, 시장환경 등 기준을 고려하여 유사 회사를 선정한다. 잘못된 비교 대상 선택은 기업가치를 과대 또는 과소평가 하게 만든다.
- 유사한 기업을 선정하는 것(Selecting truly comparable firms)이 첫 번 째 원칙이다.
- 올바른 평가 지수(배수)를 선택하는 것(Choosing the right bases and multiples)이 두 번째 원칙이다.

2. 유사 회사 선정 4단계 기준

1단계 : 실무적으로 통계청의 '한국표준산업분류'를 이용하여 동일 업종에 대한 판단기준으로 삼고 있음

- 통계청의 산업 분류 체계(대분류-중분류-소분류-세분류-세세분류)를 기본 틀로 활용한다.
- 동일 산업 내에서도 비즈니스 모델에 따라 세분화가 필요하다.

2단계 : **기업 내부 환경의 고려 - 제품, 기업역사, 자본구조, 기업규모 등**

- 제품/서비스 포트폴리오의 유사성을 확인한다.
- 기업의 성장 단계(창업기, 성장기, 성숙기)가 비슷한지 검토한다.
- 자본구조(부채비율)와 기업규모(매출, 자산, 직원 수)의 비교 가능성을 평가한다.

3단계 : **기업 외부 환경의 고려 - 업계 내의 위치, 경쟁 상황, 외부 규제 등**

- 시장 점유율과 경쟁 포지션이 유사한 기업을 선정한다.
- 규제 환경(금융업, 의료업 등)이 동일한지 확인한다.
- 고객 세그먼트와 판매 채널의 유사성을 고려한다.

4단계 : **평가 대상회사와 재무비율에서 큰 차이를 보이는 기업은 제외**

- 수익성(영업이익률, ROE 등), 성장성(매출액 성장률, 영업이익 성장률 등), 안정성(유동비율, 부채비율 등) 지표를 비교한다.
- 극단적으로 높거나 낮은 재무지표를 가진 기업은 제외한다.

3. 기준을 엄격히 적용한 의사결정 프로세스

1) 기준을 엄격히 적용할 경우

- NO → 유사 기업의 수 ↑ : 유사 기업이 많아질수록 비교 대상이 넓어져 평균값의 신뢰도가 높아지지만, 유사성이 떨어질 수도 있다.

- **YES → 유사 기업의 수 ↓** : 적은 유사 기업만 선정하면 비교 가능성은 높지만 표본 수가 적어 대표성이 약해질 수 있다.
- **실무 균형점** : 통상 5~7개 정도의 Peer 그룹을 선정하는 것이 적절하다. 너무 많으면 비교 의미가 희석되고, 너무 적으면 통계적 신뢰도가 낮아진다.

조언

유사 기업 선정은 객관적 기준을 최대한 활용하되, 업계 특수성과 전문가 판단을 병행해야 한다. 투자 유치 시 투자자는 Peer 그룹 선정의 적정성을 반드시 검증하므로, 선정 논리를 명확히 문서화하고 여러 시나리오(보수적/중립적/공격적 Peer 그룹)를 준비하는 것이 좋다.

실무 가이드 62 기업가치 평가

IPO 공모가는 시장 상황과 기업의 이익 창출 능력을 종합적으로 고려하여 결정되며, DCF(현금흐름할인법), PER, PSR, PBR, EV/EBITDA(상대가치평가), 자산가치 접근법 등 다양한 밸류에이션 모델을 활용한다.

공모가액 결정 요소 및 희망 공모가 밴드 설정

1. **주식 시장 상황** : IPO 시점의 시장 활성화 정도, 투자 심리, 업종별 투자 선호도 등이 공모가에 영향을 미친다.

2. **회사의 이익 창출 능력** : 과거 매출 및 이익 실적, 미래 예상 수익성, 그리고 핵심 경쟁력이 중요하다.

3. **가치평가 Tool(Valuation Model)**

- **수익가치 접근법(DCF – Discounted Cash Flow)** : 미래 예상 현금 흐름을 현재가치로 할인하여 평가한다. 미래 수익 창출 능력과 사업 위험을 반영한다.
  - **할인율(Discount Rate)** : 미래의 가치를 현재 시점으로 환산할 때 적용하는 비율. 기업의 위험도와 자본비용을 반영하여 산정한다.
- **시장가치 접근법(상대가치 평가)** : 공모 기업에 가장 많이 활용하는 유형으로 유사 기업의 시장가치를 활용하여 비교 평가한다.
  - **PER(Price-to-Earnings Ratio – 주가수익비율)** : 이익을 내는 기업에 주로 적용. AURION 처럼 이익이 나지 않는 기업의 경우, 미래 예상 이익을 현재가치로 할인하고, PER을 적용한다.
  - **PSR(Price-to-Sales Ratio – 주가매출액비율)** : 매출액 대비 시가총액 비율. 이익이 없는 성장기 기업에 주로 활용한다.
- **EV/EBITDA(Enterprise Value / Earnings Before Interest, Taxes, Depreciation, and Amortization)** : 기업가치 대비 상각 전 영업이익. 장치 산업이나 초기 투자 부담이 큰 기업에 활용한다.
- **자산가치 접근법** : 기업이 보유한 자산 및 부채의 가치를 합산하여 평가한다.

조언

  희망 공모가 밴드 설정은 주관사의 역량과 기업의 전략이 총동원되는 핵심 과정이다. 너무 높으면 수요예측 실패 위험이, 너무 낮으면 기업가치 저평가 위험이 있으므로, 시장 상황과 기업의 '밸류 드라이버(Value Driver)'를 종합적으로 고려한 합리적이면서도 설득력 있는 밴드 설정이 중요하다. 특히 기술특례상장 기업은 '미래의 이익'을 논리적으로 추정하고, 적절한 할인율을 적용하여 현재가치를 증명하는 것이 핵심이다.

63 증권신고서 준비

증권신고서는 공모를 통해 투자자를 보호하기 위한 공식 문서로, 기업의 모든 정보를 투명하게 공개하는 과정이다. 금융감독원은 사업, 회사, 기타 위험 등 투자위험 요소에 대해 엄격히 검토하며, 이는 기업이 모든 잠재적 리스크를 빠짐없이 고지했는지 확인하는 과정이다.

예비심사신청서와 증권신고서의 차이점 및 금융감독원 정정 대응

1. 예비심사신청서 vs. 증권신고서

- **담당 기관** : 상장예비심사신청서는 한국거래소에서 검토하는 반면, 증권신고서는 금융감독원에서 검토한다.
- **제출 방법** : 예비심사신청서는 거래소 공시 시스템(KIND)을 통해 제출하고, 증권신고서는 금융감독원 전자 공시 시스템(DART)을 통해 제출한다.
- **심사 목적** : 예비심사신청서는 기업의 상장 적격성을 심사하는 것이 목적이며, 증권신고서는 공모를 위해 투자자를 보호하기 위한 목적으로 심사한다.

2. 증권신고서의 핵심 구성요소

- 증권신고서는 기업의 모든 정보를 투자자에게 투명하게 공개하는 공식 문서
  이다. 주요 내용은 다음과 같다.
  - **모집 관련 사항** : 공모 개요, 공모 방법, 공모 가격 결정 방법 등 주식 모집
    에 대한 일반 사항을 포함한다.
  - **투자위험 요소** : 사업 위험, 회사 위험, 기타 위험 등 투자자가 반드시 알아
    야 할 모든 위험 요소를 기재해야 한다.
  - **인수인의 의견** : 주관사(인수인)가 기업가치를 분석하고 평가한 의견을 포
    함한다.
  - **자금의 사용 목적** : 공모로 조달된 자금을 어디에, 어떻게 사용할 것인지
    에 대한 상세한 계획을 명시해야 한다.
  - **주요 제출 서류** : 인수계약서, 기업실사, 예비투자설명서, 감사보고서, 연
    결감사보고서, 분·반기 검토 보고서, 예비상장 심사결과 공문, 이사회 의
    사록, 정관, 회계감사인의 재무 확인서, 주주명부, 법인 등기부등본 등

3. 증권신고서의 접수 및 진행 프로세스

- 증권신고서는 제출 – 정정 – 효력 발생 – 수요예측 – 청약의 단계를 거친다.
  증권신고서 승인 가능성이 높아지면, 보통 효력 발생 이틀 전부터 주관사는
  NDR을 시작한다.
- 효력 발생 기간은 15영업일이며, 이 기간 중 금융감독원의 검토를 거친다.
  단, SPAC 합병의 경우 효력 발생 기간은 7영업일이다.
- **기재 정정 이슈①** : 제출된 증권신고서의 내용에 오탈자 등 사소한 오류가 있
  을 경우 수정하는 것으로, 효력 발생 기간은 최초 제출일 기준으로 유지된다.

- **기간 정정 이슈②** : 중대한 내용의 변경이나 누락이 있을 경우 진행되며, 이 경우 효력 발생 기간은 정정 제출 시점부터 다시 계산된다.
- 수요예측 기간은 기존 2영업일에서 5영업일로 제도가 변경되었다.

4. 금융감독원 정정 요구 대응

- 증권신고서 작성 시에는 '기업공시 실무 안내', '정정 요구 사례', '투자위험 요소 기재 요령 안내서' 등을 참고하여 발행기업과 주관사와 논의하여 금융감독원의 정정 요구에 미리 대비할 수 있다.
- 금융감독원의 정정 요구는 투자위험 요소에 집중된다. 사업 위험, 회사 위험, 기타 위험 등 투자자가 알아야 할 리스크를 명확하게 기재해야 한다.
- 또한, 자금의 사용 목적과 인수인(주관사)의 의견에 대한 상세한 근거를 요구하는 경우가 많으므로, 이 부분에 대한 철저한 준비가 필요하다.
- 특히, 투자위험 요소의 정정 요구는 50% 이상을 차지하며, 모집 관련 사항, 인수인의 의견 등 1부 내용에 대한 정정 요구가 95% 이상을 차지한다.
- **주요 정정 내용** : 인용 자료의 최근 기준 업데이트, 매출 변동 발생 사유 구체적 기재, 보호예수 대상 물량 관련 변동 등이 있다.
  - **사업 위험** : 산업 관련 규제 및 정책 변화, 신규 경쟁사 진입 등에 따른 리스크를 명확히 기재해야 한다.
  - **회사 위험** : 매출 변동 발생 사유, 연결대상회사의 실적, 거래처별 매출 현황, 차입금 상환 계획 등을 세부적으로 기재해야 한다.
  - **기타 위험** : 공모가 변동 리스크, 상장 후 유통 물량, 최대주주 지분 희석 가능성 등 다양한 리스크를 고지 해야 한다.
  - **자금의 사용 목적** : 자금의 세부 사용 내역을 구체적으로 기재하고, 차입금 상환 및 시설자금 등에 대한 내용을 명시해야 한다.
  - **인수인의 의견** : Valuation 관련 매출 및 손익 추정의 상세한 로직과 근거

를 기재해야 한다. 기술특례상장, 스팩 상장의 경우 DCF 기반 추정이 들어가기 때문에 세분화하여 구체적으로 작성해야 한다.

조언

증권신고서는 기업을 투자자에게 공개하는 공식 문서이다. 금융감독원의 정정 요구는 투자자 보호를 위한 것이므로 투명성과 신뢰를 높이는 과정으로 이해해야 한다. 정정 요구에 대해 객관적이고 구체적인 근거 자료를 준비하고, 모든 위험 요소를 빠짐없이 기재하여 투자자에게 충분한 정보를 제공하는 것이다.

투자자와 마주하다 :
IR 활동

■ IR 로드쇼 준비, 치밀한 전략 수립

증권신고서 효력 발생 전, AURION 사무실은 IR 로드쇼 준비로 분주했다.

김도윤이 빼곡히 적힌 일정표를 가리키며 브리핑을 시작했다.
"총 3단계로 진행됩니다. 1단계는 해외 NDR - 싱가포르, 홍콩에서 글로벌 기관투자자들을 만납니다. 2단계는 국내 로드쇼 - 한국연금공단, 아시아자산운용, 코리아투자증권 등 주요 15개 기관과 미팅이고, 3단계는 Anchor Investor 확보입니다."

이아름 CMO가 프레젠테이션 자료를 펼치며 설명을 이어갔다.
"ESG 투자 확산과 탄소중립 정책 추진이 우리에게 유리한 환경입니다. 다만 수익성 가시화 시점에 대한 의구심이 있을 텐데, 이미 확보된 고객사와의 계약 연장 가능성을 구체적으로 제시할 예정입니다."

최강혁 CFO는 재무 자료를 검토하며 말했다.
"투자자들이 가장 민감하게 볼 부분이 현금 소진 속도입니다. 현재 월 평균 60억 원씩 소진되고 있는데, IPO 자금으로 24개월 이상 버틸 수 있다는 점을 강조해야 합니다. 그리고 Break-even 시점을 2028년 2분기로 제시했는데, 이를 뒷받침할 구체적인 매출 계획이 필요합니다."

서유진이 기술 자료를 정리하며 우려를 표했다.

"AI 알고리즘 차별성에 대한 질문이 가장 까다로울 것 같습니다. 경쟁사 대비 우리의 예측 정확도가 95.2%인데, 이게 정말 의미 있는 차이인지 의문을 제기할 수 있거든요. 특히 글로벌 투자자들은 유럽이나 미국의 경쟁사들과 직접 비교할 텐데..."

■ 해외 IR, 글로벌 무대의 첫 시험

8월 9일, 인천공항 비즈니스 라운지에서 류강준과 최강혁, 그리고 이아름이 싱가포르행 항공편을 기다리고 있었다. 서유진은 기술팀 관리를 위해 국내에 남았다.

"GOS와 테마젝의 반응을 예측하기가 어렵습니다."
김도윤이 브리핑 자료를 마지막으로 점검했다.

"이들은 동남아 기후테크 투자에 경험이 많아서 까다로울 겁니다."

오후 2시, 싱가포르 래플스 호텔 33층 회의실에서 GIS의 포트폴리오 매니저 3명이 AURION 팀을 맞았다. 깔끔한 정장 차림의 40대 여성이 먼저 입을 열었다.

"우리는 동남아에서 팜텍 스타트업 17개에 투자했지만, 대부분 스케일업에 실패했습니다. 기술은 좋았지만, 농민들이 실제로 사용하지 않더군요. AURION은 사용자 채택률이 어떻게 됩니까?"
예상보다 직설적인 질문이었다.

류강준이 준비된 데이터를 제시했다.
"국내 스마트팜 고객사의 재계약률이 87%입니다. 첫해 이후 시스템 사용량도 평균 40% 증가했습니다."

"그런데 한국과 동남아는 농업 환경이 완전히 다릅니다."
또 다른 매니저가 지적했다.

"베트남이나 태국 농민들이 과연 이런 고도화된 시스템을 받아들일까요? 인건
비도 훨씬 저렴한데 굳이 자동화할 필요가 있을까요?"

최강혁이 시장 분석 자료를 펼쳐 보였다.
"프랑스, 베트남의 경우 농업 인력 부족 현상이 심각합니다. 젊은 층이 도시로
이주하면서 농촌 고령화가 급속히 진행되고 있어서, 자동화 수요가 오히려 증가
하고 있습니다."

■ 홍콩에서의 뜨거운 반응

다음 날 홍콩 IFC 타워 68층, 글로벌펀드 아시아 본사에서 펀드매니저 리사 첸
이 AURION 팀을 맞았다. 그녀는 20분간 질문 공세를 퍼부었다.

"스마트팩토리 시장에서 독일 테카 시스템즈, 오스트리아 인더스트리 솔루션과
어떻게 경쟁할 건가요? 이들은 이미 글로벌 네트워크를 갖추고 있습니다."

이아름이 준비한 답변을 시작했다.
"저희는 기존 스마트팩토리 업체들과 파트너십을 통해 진입하려 합니다. 테카
시스템즈에 우리 센서를 추가하면 기존 스마트팩토리가 기후 대응형 스마트팩토
리로 업그레이드 가능합니다. 대체재가 아닌 보완재의 개념입니다."

"정말 흥미롭네요."

리사가 몸을 앞으로 기울이며 답변 사항에 집중하고 있었다.

"구체적으로 어떤 파트너십 논의가 진행되고 있나요?"

류강준이 태블릿을 켜며 설명했다.
"독일 뮌헨에 있는 Kiemens 아시아 R&D 센터와 파일럿 테스트를 진행 중입니다. 그리고 일본 기쓰비시와도 MOU를 체결했습니다."

"시장 규모는 어떻게 예측하시나요?"
리사의 질문이 이어졌다.

최강혁이 차트를 보여주며 답했다.
"글로벌 기후테크 시장이 2030년까지 연평균 22% 성장할 것으로 예측되는데, 이 중에서 스마트팩토리 부문이 가장 높은 성장률을 보이고 있습니다."

리사가 동료들과 눈빛을 교환했다.
"이 정도 성장성이라면…"
그녀가 빠르게 수치를 검토했다.

미팅이 끝나자 리사가 급히 다가왔다.
"정말 솔직히 말씀드리면, 저희가 올해 검토한 아시아 기술주 중에서 가장 매력적인 기업입니다."
그녀의 목소리에 흥분이 섞여 있었다.

"우리 펀드에서 최대한 많은 물량을 확보하고 싶습니다. 수요예측에서 상당한 규모로 참여할 예정입니다."

리사가 명함을 건네며 말을 덧붙였다.

"혹시 공모 일정이나 기관 배정 관련해서 추가로 논의할 수 있을까요? 이런 기회를 놓치고 싶지 않습니다."

국내 IR, 현실과 마주하다

해외 IR을 마치고 돌아온 팀은 4일 후 국내 IR에 돌입했다. 8월 16일부터 이틀 동안 진행된 미팅은 해외와는 다른 양상을 보였다.

여의도 자산운용사 회의실에서 펀드매니저가 날카로운 질문을 던졌다.

"기후테크라는 말이 좋긴 한데, 결국 센서 제조업 아닙니까? 국내에 이미 센서 업체들이 많은데 차별화가 가능할까요?"

최강혁이 차분하게 답했다.

"일반 센서와는 완전히 다릅니다. 저희 나노센서는 기존 센서보다 100배 민감하고, AI 알고리즘과 결합되어 예측까지 가능합니다. 단순 측정이 아닌 예방 솔루션입니다."

"그런데 수익은 언제부터 나오나요?"

김 과장의 추궁이 계속됐다.

"지금까지 투자한 금액 대비 매출이 너무 적지 않습니까?"

류강준이 재무 자료를 펼치며 설명했다.

"최근 3년간 매출이 지속적으로 성장했습니다. 2024년 649억 원, 2025년 1,010억 원, 2026년 1,150억 원으로 연평균 33.1% 성장하고 있습니다. 기후테크 시장 확대와 함께 본격적인 성장 궤도에 진입한 상황입니다."

"그래도 14년간의 누적 투자 대비로는 여전히 적은 것 아닙니까?"
김 과장이 재차 의문을 제기했다.

서유진이 기술 로드맵을 펼쳤다.
"연구개발 집약적 산업으로서 지속적으로 기술개발에 집중했고, 7년 전부터 본격적인 상용화가 되었습니다. 현재 계약 확정된 것만으로도 내년 매출 1,400억 원은 계약이 마무리됐고, 추가 계약이 성사되면 2,500억 원도 충분히 달성가능합니다."

■ 인수회사 컨소시엄 및 Anchor Investor 확보 실행계획

김도윤 부장은 공모주 인수 물량을 소화할 수 있도록 컨소시엄에 대하여 설명했다.
"이번 IPO는 주관사 내 인수회사 컨소시엄은 4개 사입니다."

"공모 규모가 1,706~2,231억 원에 달하다 보니, 리스크 분산과 영업력 확대를 위해 컨소시엄을 구성했습니다." 김도윤이 설명했다. "나이스투자증권이 대표 주관사고, 미래투자증권, 코리아증권, 신환증권, KBA증권이 인수회사로 참여합니다. 나이스투자증권 1,000억 원을 책임지고, 나머지는 각사별로 약 250~300억 원 정도씩 인수 책임을 집니다."

다음으로는 Anchor Investor 확보 전략을 설명했다.
"IR 기간 동안 가장 중요한 건 Anchor Investor 확보입니다. 공모 물량의 30% 이상을 인수하고 3개월 이상 장기 보유할 의사가 있는 투자자를 확보해야 수요예측 과정에서 안정적인 베이스라인을 만들 수 있습니다."

Anchor 투자자 확보 실행 계획을 구체적으로 설명했다.

첫 번째 타겟은 한국투자공사였다. ESG 투자에 적극적이고, 기후테크 분야에서 포트폴리오를 확대하고 있었다.

"AURION의 기술이 탄소중립 목표와 부합한다고 판단됩니다."
KIS의 대체 투자 본부장이 긍정적 신호를 보냈다.
"하지만 공모가가 부담스럽네요."

두 번째는 캐나다 연금 투자 공사 한국 지사였다. 글로벌 인프라 투자에 관심이 많았다.

"기후 인프라는 앞으로 20년간 가장 중요한 투자 테마 입니다."
CPIB 아시아 대표가 관심을 보였다.
"다만 규모가 좀 작네요."

KIS, CPIB, 싱가포르 GIS, 코리아 ESG펀드, 그리고 예상을 못했던 일본의 비전펀드까지 5개 기관이 주요 기관투자자로 확정되었다.

 64 **IPO IR 마케팅 프로세스 및 수요예측**

IPO 성공의 핵심은 효과적인 IR(Investor Relations) 마케팅과 체계적인 수요예측 전략이다. 투자자들에게 기업의 가치와 성장 잠재력을 설득력 있게 전달

하고, 적정한 공모가로 성공적인 상장을 이루어 내는 것이 IR 활동의 궁극적 목표이다.

IPO IR 마케팅 및 수요예측 핵심 전략

1. IR 로드쇼 기획 및 준비

- **3단계 로드쇼 전략** : 해외 NDR(Non-Deal Roadshow) → 국내 로드쇼 → Anchor Investor 확보 순으로 체계적 진행
- **타깃 투자자 세분화** : 글로벌 기관투자자, 국내 기관투자자, ESG 전문펀드 등 투자 성향에 맞춘 맞춤형 접근
- **프레젠테이션 자료 준비** : 기술 차별성, 시장성, 수익성 가시화 시점 등 핵심 메시지를 명확하게 구성

2. 해외 IR 전략

- **글로벌 투자자 특성 이해** : 유럽/미국 경쟁사와의 직접 비교, 동남아 시장 진출 가능성, 기술 확장성에 대한 구체적 질문 대비
- **차별화 포인트 강조** : 기존 솔루션과의 보완재 관계, 파트너십 전략, 글로벌 확장 로드맵 등을 구체적 사례로 제시
- **현지 문화 고려** : 지역별 투자 트렌드와 관심사를 반영한 맞춤형 스토리텔링

3. 국내 IR 대응

- **현실적 우려 해소** : 센서 제조업이라는 단순 분류에 대한 오해 해소, AI 알고리즘과 결합된 예측 솔루션임을 강조
- **수익성 입증** : Break-even 시점, 누적 투자 대비 매출 성장성, 확정 계약 기반 매출 예측 등 구체적 재무지표 제시

- **기술 우위성 증명** : 경쟁사 대비 예측 정확도, 특허 보유 현황, 독자 기술개
  발 과정 등을 객관적 데이터로 입증

4. Anchor Investor 확보 전략

- **전략적 투자자 타깃팅** : ESG 투자 확대 기관, 기후테크 분야 관심 기관, 인
  프라 투자 전문 기관 등 선별적 접근
- **공모 물량의 30% 이상 확보** : 안정적 베이스 구축을 위한 충분한 Anchor
  물량 확보로 수요예측 리스크 최소화
- **장기 보유 약속** : 3개월 이상 보유 약속을 통한 상장 후 주가 안정성 확보

5. 인수회사 컨소시엄 구성

- **리스크 분산** : 대규모 공모 시 4~5개 증권사로 인수 리스크 분산
- **영업력 시너지** : 각 증권사의 고객 네트워크를 활용한 수요 창출 극대화

6. 수요예측(Book Building)

- **수요예측 참여 자격** : 기관투자자(국민연금, 사학연금, 보험사, 자산운용사
  등)가 발행회사의 증권신고서 및 투자 설명서를 토대로 매입 희망 수량과 가
  격을 제시하는 과정
- **진행 방식** : 기관투자자들이 주관사 홈페이지를 통해 희망가격과 희망수량
  을 숫자로 기재하여 제출
- **공모가 확정** : 수요예측 결과와 시장 상황을 종합적으로 고려하여 발행회사
  와 대표주관사가 협의해 최종 공모가 결정
- **배정 기준** : 확정 공모가 이상 제시자 대상으로 참여가격, 의무보유기간, 참
  여시점, 운용규모 등을 종합 평가해 주관사가 자율 배정

7. IR 커뮤니케이션 전략

- **일관된 메시지** : 모든 IR 채널에서 동일한 핵심 메시지와 비전 전달
- **스토리텔링** : 기업의 여정, 기술개발 과정, 미래 비전을 설득력 있는 내러티브로 구성
- **질의응답 대비** : 예상 질문에 대한 명확하고 구체적인 답변 준비, 기술적 질문부터 재무적 질문까지 포괄적 대응

8. 성과 측정 지표

- **수요예측 경쟁률** : 목표 대비 신청 건수 및 신청 수량 비교
- **가격 수준** : 밴드 상단 이상 주문 비율
- **기관 참여율** : 타깃 기관투자자의 실제 참여 비율 및 규모

9. 상장 후 IR 지속성

- **Post-IPO IR 계획** : 상장 후 지속적인 투자자 관계 유지를 위한 정기 IR 활동 계획
- **성과 공유** : 상장 후 사업 성과와 목표 달성도를 투자자들과 정기적으로 공유
- **신규 투자자 유치** : 지속적인 기관투자자 발굴 및 관계 구축

조언

IR 활동의 성공은 명확한 가치제안과 일관된 메시지 전달에 달려 있다. 특히 기술 기업의 경우 복잡한 기술을 투자자가 이해할 수 있는 언어로 번역하여 전달하는 능력이 중요하다. 또한, 해외와 국내 투자자의 서로 다른 관심사와 평가 기준을 이해하고 맞춤형 접근을 하는 것이 효과적인 IR의 핵심이다.

시장의 평가 :
수요예측

수요예측, 숨 막히는 5일

8월 10일, 해외 IR 3일째부터 기관투자자 수요예측이 시작됐다. Book Building 시스템에 전 세계 투자기관들이 원하는 가격과 물량을 입력하기 시작했다.

AURION 사무실은 실시간 모니터링 체제로 돌입했다. 하지만 수요예측 과정에서는 구체적인 진행 상황을 확인하기 어려웠다.

김도윤이 차분한 표정으로 설명했다.
"수요예측 결과는 마지막 날까지 정확히 알 수 없습니다. 다만 대략적인 분위기만 파악할 수 있어요."

류강준이 사무실을 돌아다니며 불안함을 감추지 못했다.

수요예측 기간 동안 사흘은 마치 한 달처럼 느껴졌다. 팀원들은 각자 업무를 보려 했지만, 집중이 되지 않았다. 서유진은 기술개발에 몰두하려 했고, 이아름은 향후 마케팅 계획을 세우려 했지만, 모두의 머릿속에는 수요예측 결과만이 맴돌았다.

■ 기적 같은 결과

8월 17일 오후 6시, 수요예측이 마감됐다. 사무실 전체가 숨을 죽인 채 김도윤 부장의 최종 집계를 기다렸다.

김 부장이 차분한 목소리로 발표했다.

"총 2,598건입니다. 신청 수량은 115억 주, 이중 밴드 상단 초과는 775건, 밴드 상단 1,794건, 밴드 하단은 29건입니다. 수요예측은 873대 1입니다."

환호성이 터져 나올 뻔했지만 모두 꾹 참은 채, 가장 중요한 발표를 기다렸다.

"밴드 상단 이상 주문이 전체의 98.8%를 차지합니다. 평균 제시 가격은 65,800원입니다."

류강준과 최강혁이 서로를 바라봤다. 목표했던 것보다 훨씬 좋은 결과였다.

김도윤이 마지막으로 발표했다.

"따라서 공모가는 밴드 최상단인 59,500원으로 확정합니다. 시가총액은 1조 2,495억 원입니다."

그 순간 사무실 안은 기쁨의 환호성으로 가득 찼다. 드디어 14년간의 길고 긴 여정 끝에 시장의 인정을 받은 순간이었다.

수요예측의 성공은 전 세계 투자자들이 AURION의 비전에 동의했다는 증거였다.

이제 남은 것은 일반투자자들의 청약뿐이었다.

65 수요예측

IPO에서 수요예측은 공모가 결정의 단계로, 기관투자자의 수요를 파악하여 적정 공모가 범위를 설정하고 최종 공모가를 확정하는 과정이다. 수요예측 결과는 상장 후 주가 안정성과 직결되므로 전략적 접근이 필요하다.

IPO 수요예측의 핵심 프로세스와 실무 포인트

1. 수요예측 제도의 개요

수요예측은 기관투자자를 대상으로 공모가 희망 가격과 수량을 접수받아 적정 공모가를 산정하는 제도다. 코스피와 코스닥 시장 모두 의무적으로 실시하며, 일반투자자 청약에 앞서 진행된다.

- **목적** : 기관투자자들이 공모가 밴드 내에서 매수 희망 가격과 수량을 제시하도록 하여, 주식에 대한 시장의 실제 수요를 파악하고 최종 공모가를 산정한다.
- **진행** : 주관사 주도로 진행되며, 기관투자자들의 참여율과 제시 가격 분포가 핵심 데이터가 된다.
- **결과** : 수요예측 경쟁률과 가격 분포를 바탕으로 발행사(기업)와 주관사가 협의하여 최종 공모가가 확정된다. 높은 경쟁률은 시장의 뜨거운 관심을 의미하며, 공모가를 희망 밴드 상단 또는 초과하여 결정하는 데 유리하다.

2. 참여 대상

- 증권사, 자산운용사, 보험사, 연기금 등 적격 기관투자자

- **최소 참여 금액** : 통상 1,000주가 일반적
- **의무보유 확약** : 코스닥/코스피 구분 없이 미확약, 15일, 1개월, 3개월, 6개월 선택 가능

3. 수요예측 프로세스 5단계

1단계 : 희망 공모가 밴드 설정

- 주관사는 기업실사와 유사기업 비교 분석(Peer Valuation)을 통해 공모가 밴드를 제시한다. 예를 들어 "10,000원~12,000원" 범위로 설정하면, 밴드 폭은 통상 20% 이내이다.

2단계 : IR 로드쇼 진행(2~3주)

- 주요 기관투자자 대상 기업 설명회를 개최한다.
- CEO와 CFO가 직접 참여하여 사업 전략, 재무 실적, 성장 가능성을 설명한다.
- 국내외 주요 도시(서울, 부산, 홍콩, 싱가포르 등)를 순회하며 진행한다.

3단계 : 수요예측 접수(5일)

- 기관투자자가 온라인 시스템을 통해 희망 가격과 수량을 제출한다.
- 밴드 상단 초과 가격 제시도 가능하다(단, 20% 초과 불가).
- 경쟁률 집계 : 총 신청금액 ÷ 기관 배정 물량

4단계 : 공모가 확정

- 수요예측 결과를 바탕으로 발행회사와 주관사가 최종 공모가를 결정한다. 통상 수요가 높으면 밴드 상단, 저조하면 하단으로 결정된다.

5단계 : 기관 배정 및 일반 청약

- 기관투자자에게 물량 배정(총 공모주식의 75% 이하. 일반청약분 25%~30%를 제외하고, 우리사주조합 배정물량을 제외한 물량)
- 우선 배정 : 우리사주조합 등에게 우선적으로 배정

- 일반 청약 : 일반투자자 대상 공모(2일간 진행)

4. 수요예측 성공을 위한 전략

1) 공모가 밴드 설정의 묘

- 너무 높게 설정하면 수요 저조 → 공모 실패 위험
- 너무 낮게 설정하면 자금 조달 목표 미달 및 상장 후 급등으로 개인 투자자 불만 유발
- 최근 5년간 코스닥 IPO 평균 경쟁률은 약 300 :1이며, 상장 첫날 평균 수익률은 약 40~60%를 기록

2) 스토리텔링의 중요성

- IR 자료에서 단순 재무 수치 나열보다는 성장 스토리, 차별화 요소, 시장 기회를 강조한다.
- 경영진의 명확한 비전 제시와 질의응답 역량이 기관투자자 평가에 큰 영향을 미친다.

3) 앵커 투자자 확보

- 수요예측 전에 대형 기관(국민연금, 주요 자산운용사)의 참여 의향을 사전 확보하면 시장의 신뢰도를 높일 수 있다. 다만, 특정 기관의 참여 사실을 다른 투자자에게 발설할 수 없으므로 공정성을 유지해야 한다.
- 장기 투자 성향의 투자자의 참여는 주가의 안정적 신호로 작용한다.

5. 수요예측 이슈

1) 저조한 경쟁률(50 :1 미만)

- 공모가를 밴드 하단 또는 그 이하로 조정
- 공모 일정 연기 후 재도전

- 최악의 경우 IPO 철회 후 재추진

2) 수요 집중 및 분산

- 일부 가격대에만 수요 집중 시 공모가 결정이 가장 쉬움. 반면 상단 85%, 하단 15%처럼 2개 이상의 가격대에 수요가 분산되는 경우 공모가 결정이 어려워짐
- 수요예측 중에는 밴드를 조정할 수 없음

6. 상장 후 주가 관리와의 연계

1) Lock-up 해제 대응

- 기관투자자 의무보유 기간 종료 시점(1~3개월 후)에 물량 출회 가능성을 고려한다.
- 실적 발표, 추가 IR 등으로 매도 압력을 분산시킨다.

조언

수요예측은 기관투자자에게 회사의 가치를 설득하는 과정이다. 재무적 성과뿐 아니라 ESG, 기술 경쟁력, 시장지배력 등 비재무적 요소를 효과적으로 전달해야 한다. 과거 성과와 미래 성장 로드맵을 구체적인 데이터를 제시한다.

투자자의 신뢰 :
일반투자자 청약의 성공

■ 대중과의 마지막 약속

8월 17일, 기관투자자 수요예측이 성공적으로 마무리됐다. 8월 19일부터 AURION은 다음 관문인 일반투자자 청약이 예정되어 있었다. 59,500원이라는 공모가가 확정된 지금, 대중들이 얼마나 참여할지가 관건이었다.

김도윤 부장이 회의실에서 청약 일정을 설명했다.

"8월 19일과 20일, 이틀간 일반 청약이 진행됩니다. 총발행 물량 375만 주 중 일반투자자 배정분은 93만 7천 주, 전체의 25%입니다."

이아름이 질문했다.

"배정 방식은 어떻게 되나요?"

"균등 배정과 비례 배정을 병행합니다."

김도윤이 프레젠테이션을 보여주며 설명했다.

"일반투자자 배정 물량의 50% 이상은 균등 배정으로, 나머지는 비례 배정으로 진행됩니다. 즉, 1주를 신청한 투자자나 1,000주를 신청한 투자자나 균등 배정에서는 같은 확률로 배정받을 수 있어요."

"만약 경쟁률이 늘어난다면, 균등 배정에서 받을 수 있는 물량이 매우 적어지겠네요."

최강혁이 설명을 덧붙였다.

대중 IR 전략, 스토리텔링의 힘

다음날, 이아름 CMO는 일반투자자를 위한 특별한 IR 전략을 준비했다.

"세 가지의 큰 축으로 접근할 예정입니다. 첫 번째, 기후 위기라는 절박함과 두 번째, AURION 기술의 실용성, 그리고 마지막으로 투자 기회로서의 매력도입니다."

첫 번째 콘텐츠는 30초짜리 숏폼 영상이었다. 태풍으로 피해를 입은 농장과 AURION 센서가 설치된 스마트팜의 대조적 모습을 보여주며, "기후 위기 시대, 생존을 위한 기술"이라는 메시지를 전달했다.

"이 영상이 유튜브에서 200만 조회수를 넘겼습니다."
이아름이 보고했다.

"댓글 반응도 뜨거워요. '이런 기술이 있는 줄 몰랐다', '진짜 필요한 기업이네' 이런 식으로요."

두 번째는 류강준 대표의 경제 프로그램 출연이었다. 코리아 비즈채널 '경제 투데이'에서 20분간 인터뷰를 진행했다.

"AURION의 비전은 무엇인가요?"
앵커의 질문에 류강준이 차분하게 답했다.

"14년 전 저희가 처음 센서를 만들 때만 해도 기후 변화는 먼 미래 이야기였어요. 하지만 이제는 현실이 됐습니다. 작년 여름 폭염, 겨울 한파, 예측 불가능한 태풍... 이런 극한 기후에 대비하는 기술이 필수가 됐어요. AURION은 이미 그 해답을 가지고 있습니다."

방송 후 포털사이트 주식 커뮤니티에는 'AURION 분석 글'이 쏟아졌다. 반응은 극명하게 갈렸다. "기후테크 대장주 탄생" 같은 기대감과 "59,500원은 거품 아니냐" 같은 회의론이 팽팽히 맞섰다.

■■ 청약 전 마지막 점검

청약 개시 하루 전인 8월 18일 저녁, AURION 사무실에서는 마지막 점검이 한창이었다.

"혹시 저희가 예상하지 못한 변수는 없을까요?"
류강준이 걱정스럽게 물었다.

김도윤이 체크리스트를 재확인하며 답했다.
"각 증권사별 배정 물량도 확정됐고, 우리사주조합 청약도 잘 마무리됐습니다. 조합원 참여율이 95%로 높게 나왔고, 실권주도 모두 소화됐어요"

서유진이 노트북 안에 저장되어 있는 자료를 확인하며 질문했다.
"온라인 커뮤니티 반응은 어떤가요?"

이아름이 여러 사이트를 확인한 결과를 공유했다.
"전반적으로 긍정적인 평가입니다. 다만 일부에서는 공모가가 비싸다는 의견도 있습니다. ‘PER을 따져보면 과대평가 아니냐’는 글도 몇 개 보입니다.”

■ 청약 첫날, 시스템 마비 사태

8월 19일 오전 9시. 드디어 일반투자자 청약이 시작되었다.

오전 9시 정각, AURION 팀은 실시간 모니터링에 들어갔다. 하지만 예상치 못한 문제가 발생했다.

“대표님, 큰일이에요!”
이아름이 급히 보고했다.

“주관사와 인수회사 HTS가 모두 마비돼서 먹통입니다. 접속 대기 시간이 30분을 넘고 있습니다.”

증권사 청약 시스템이 청약이 몰려 과부하에 걸린 것이었다. 청약 물량이 예상보다 훨씬 많이 몰린 탓이었다.

김도윤 부장이 상황을 파악했다.
“서버 증설 작업을 긴급하게 진행하고 있대요. 오후에 정상화될 예정이라고 하네요.”

포털사이트 실시간 검색어 1위는 ‘AURION IPO 청약’이었다. 온라인 커뮤니티에는 “접속이 안된다”, “AURION 공모주 관심 대박”이라는 글들이 쏟아졌다.

오후 2시가 되어서야 시스템이 안정화됐다. 그리고 첫날 결과가 나왔다.

"경쟁률 287 : 1입니다."
최강혁이 발표했다.

"증거금 규모가 2조 3천억 원을 넘었습니다."

■ 둘째 날, 폭발적 관심

청약 마지막 날인 8월 20일, 전날의 시스템 마비가 오히려 화제가 되면서 더 많은 관심이 쏠렸다.

아침 뉴스에서는 "AURION 신드롬"이라는 표현까지 등장했다. 경제 전문가들이 너도나도 분석에 나섰다.

"기후테크에 대한 대중의 관심이 이 정도일 줄 몰랐습니다."
코리아증권 리서치 센터장이 증권방송에서 말했다.

"ESG 투자 열풍과 맞물려 개인 투자자들이 참여도가 높은 것 같습니다."

오전 10시, 이아름이 긴급 보고를 올렸다.
"대표님, SNS에서 AURION 관련 해시태그가 트렌딩 1위에 올랐습니다.
'#기후위기대응' '#AURION투자' '#미래기술' 이런 태그들이 실시간으로 확산되고 있습니다."

젊은 투자자들 사이에서는 AURION 투자로 인해 공모주 열풍이 시작되는 것 같았다.
또한, "지구를 구하는 투자"라는 캐치프레이즈가 유행하기 시작했다.

최종 결과, 역사를 쓰다

8월 20일 오후 4시, 청약이 마감됐다. AURION 사무실 전체가 숨을 죽인 채 최종 집계를 기다렸다.

김도윤 부장이 증권사들로부터 받은 데이터를 취합하기 시작했고, 30분 후 그가 기쁜 목소리로 결과를 발표했다.

"최종 청약 경쟁률은... 2,247대 1입니다."

"증거금만 무려 12조 8천억 원을 넘었습니다."
김도윤이 계속해서 발표를 진행했다.

"참여 투자자 수는 152만 명이고, 기술특례 IPO 역사상 최고 기록입니다."

배정 결과와 여파

8월 22일, 배정 결과가 발표됐다. 균등 배정에서는 신청자 152만 명 중 6만 8천 명이 1주씩 배정받았다.

비례 배정에서는 고액 신청자들 위주로 배정됐지만, 평균 배정률은 0.04%에 불과했다. 1,000주를 신청해도 0.4주만 가능했다. 즉, 배정받지 못하는 경우가 대부분이었다.

배정되지 않은 청약금은 2~3일 후 자동으로 환불 처리되었다.

당첨자들의 반응은 뜨거웠다. 온라인 커뮤니티에는 "AURION 배정 인증샷"이 쏟아졌다. 반면 배정을 받지 못한 투자자들은 "상장 후 매수 기회를 노리겠다"며

진한 아쉬움을 달랬다.

언론의 평가도 굉장히 뜨거웠다.

"AURION IPO는 한국 자본시장의 새로운 가능성을 보여줬다." 코리아 경제신문 사설이었다. "기후테크라는 새로운 투자 영역에 대한 대중의 관심이 이 정도일 줄 예상하지 못했다."

비즈니스 데일리는 "AURION 신드롬의 의미"라는 제목으로 특집 기사를 실었다.
"투자자들이 단순한 수익을 넘어 사회적 가치를 추구하기 시작했다. AURION의 성공은 이런 트렌드 변화를 상징적으로 보여준다."

실무 가이드 66 IPO 공모 : 일반투자자 청약 및 납입

기관투자자를 통한 수요예측이 끝나면, 일반투자자 청약과 납입 과정이 이어진다. 확정된 공모가를 바탕으로 일반투자자들이 증권사 HTS/MTS를 통해 주식 매수를 신청하는 과정이다.(통상 2일간 진행)

일반투자자 청약 및 배정 시스템

- **복수 배정 체계**: 2020년 12월부터 도입된 균등 배정(50% 이상) + 비례 배정(50% 이하) 병행 방식으로 일반투자자 참여 기회 확대

- **균등 배정** : 최소 청약증거금(10주) 이상 납입한 모든 청약자에게 동등 배정 기회 부여(청약자 수에 따라 1/N 방식)
- **비례 배정** : 청약 수량에 비례한 배정으로 더 많은 청약증거금 납입자가 유리
- **중복청약 제한** : 2021년 6월 20일 이후 제출 기업부터 복수 증권사 중복청약 금지, 최초 접수분만 유효 처리
- **추가 납입 제도** : 배정 주식 수가 청약증거금을 초과할 경우 배정공고일 오전 중 개별 안내 후 추가 납입으로 확정 배정

일반투자자 대상 마케팅

- **투자설명서 활용** : 증권신고서의 핵심 내용을 담은 투자 설명서를 통해 기업의 사업 모델, 기술력, 성장 잠재력, 위험 요인 등을 쉽고 명확하게 전달한다.
- **언론 홍보 및 대중 소통** : 언론 기사, 증권방송 출연, 온라인 커뮤니티 활동 등을 통해 기업의 비전과 가치를 대중에게 적극적으로 알린다.
- **사회적 가치 강조** : 사회적 가치를 지닌 기업은 대중의 공감을 얻고 긍정적인 이미지를 구축하는 데 유리하다.
- **적정 공모가 형성** : 높은 공모가는 투자자들에게 부담으로 작용할 수 있으므로, 기업의 내재가치와 미래 성장성을 바탕으로 공모가가 합리적임을 설득해야 한다.

조언

일반투자자 청약은 기업과 대중 투자자 간의 신뢰 계약이다. 단기적인 흥행보다 장기 성장성과 투자자 보호를 강조하는 메시지가 중요하며, 상장 후에도 신뢰를 이어갈 수 있는 지속적 IR 전략이 필요하다.

꿈의 정상 :
상장의 순간

■■ 마지막 관문, 본심사

일반투자자 청약이 대성공으로 마무리된 다음 주, AURION은 IPO의 마지막 절차인 상장 본심사만 남았다. 예비심사를 통과한 기업이 실제 상장 요건을 계속 유지하고 있는지 확인하는 형식적 절차였다.

"분산 요건, 시가총액, 공모자금 납입 상황까지 모두 점검 완료했습니다."
김도윤 부장이 보고했다.
"특별한 이슈는 없었습니다."

상장신청서 제출과 함께 필요한 서류들도 차례로 준비되었다. 발행 등록 사실 확인서, 주금 납입 증명서, 법인 등기부등본, 증권 발행 실적 보고서, 주식 분포 상황표까지 모든 서류가 완벽하게 갖춰졌다.

8월 29일, '상장 본심사 통과' 공문이 도착했다.

류강준이 공문을 내려놓으며 조용히 말했다.
"통과했습니다. 이제 정말 끝났습니다."

최강혁이 GG캘린더를 확인했다.

"상장일이 9월 5일로 확정됐어요. 일주일 후입니다."

서유진이 믿기지 않는다는 표정을 지었다.
"상장이라니…"

■■ 상장 전날, 마지막 준비

9월 4일 밤, AURION 사무실에서는 상장식 최종 준비가 한창이었다. 마지막으로 상장 기념품을 한 번 더 확인하며, 마지막 리허설을 진행했다.

이아름과 김민지는 상장식 진행표를 다시 한번 점검했다.
"오전 8시 거래소 도착, 8시 30분 상장 기념식, 9시 상장 행사 및 매매 개시입니다."

김도윤 부장이 참석자 명단을 확인하며 말했다.
"투자자 대표, 언론, 협력사, 관계자까지 총 150명이 참석 예정입니다."

류강준이 팀원들에게 벅찬 목소리로 말을 이어 나갔다.
"내일은 우리 인생에서 가장 특별한 날이 될 겁니다. 하지만 동시에 더 큰 책임이 시작되는 날이기도 해요."

최강혁이 상장 후 일정을 재정리했다.
"분기 실적 발표, 투자자 IR, 해외 컨퍼런스.. 상장기업으로서 해야 할 일들이 산더미입니다."

"그래도 즐거워요."
서유진이 웃었다.

"우리 기술을 더 많은 사람에게 널리 널리 알릴 수 있게 됐으니까요."

14년 여정의 마무리이자, 노력의 최종 결실을 맺는 날이 임박했다.

■ 운명의 날, 2027년 9월 5일

상장일 아침, 류강준은 평상시보다 더 일찍 일어나 준비했다. 거울 속 자신을 바라보며 평정심을 유지하려 노력했고, 빨간 넥타이가 결의를 더욱 다지는 듯했다.

오전 8시, 여의도 KX거래소 로비에 AURION 팀원들이 하나둘 모여들었다. 긴장감과 설레임이 섞인 표정이었지만, 눈빛에는 자신감이 넘쳤다.

로비 전광판에 'AURION 상장 기념식'이라는 문구가 선명하게 표시되고 있었다. 양쪽으로 늘어선 축하 화환들 사이로 언론과 관계자들이 분주하게 움직였다.

참석자들이 하나둘 로비에 도착하기 시작했다. 강윤아 사외이사, 박준석 사외이사, CoreVentures 민상훈 심사역, 패스트 이노베이션 강철민 대표, 퓨처벤처파트너스 최민준 심사역, 정명수 대표, SeedBoost 배태현 대표, 미래회계법인 한상진 회계사, 정의법무법인 박시현 변호사, L-에너지 박성진 팀장, US, 나이스투자증권 김도윤 부장, 그리고 US Global Funds 마이클 리 펀드매니저까지 AURION의 성장을 함께해 온 모든 사람이 한자리에 모였다.

"정말 축하드립니다."
AURION의 멘토인 정태수 대표가 류강준의 손을 맞잡았다.

"처음 만났을 때가 엊그제 같은데, 이렇게 상장까지 하다니 정말 감격스럽습니다."

배태현 대표도 다가왔다.

"고생 많이 했어요. AURION 정말 자랑스럽습니다."라고 흐뭇한 미소를 지으며 말했다.

상장 기념식, 감동의 순간

오전 8시 30분, KX거래소 대회의실에서 상장 기념식이 시작됐다. 150여 명의 참석자들이 우렁찬 박수와 갈채로 AURION 팀을 맞았다.

류강준이 무대에 올라 마이크를 잡았다. 수많은 카메라 플래시와 시선이 집중되는 가운데, 떨리지만 자신감 넘치는 목소리로 말했다.

"AURION의 상장은 하나의 목표 달성이 아니라, 우리가 꿈꿔온 미래로 가는 새로운 출발점입니다. 14년 전 작은 연구실에서 시작한 꿈이 이제 전 세계와 소통할 수 있는 무대로 올라왔습니다."

그는 잠시 말을 멈추고 참석한 모든 관계자들을 바라봤다.

"이 자리에 서기까지 함께해 준 모든 분들께 감사드립니다. 특히, 끝까지 함께해 준 우리 팀원들에게 이 감사를 전달드리고 싶습니다. 여러분이 없었다면 이 자리까지 여정이 불가능했을 일입니다."

청중석에서 우레와 같은 박수가 쏟아졌다. 서유진의 눈가에 눈물이 맺혔고, 최강혁도 평소와 달리 감정이 북받쳐 올랐다.

상장, 역사적 순간

기념식이 끝나고 드디어 상장 북을 치는 시간이 다가왔다. 류강준과 전 팀원들이 거래소 개장북 앞에 섰다. 전통 북이 놓인 단상 옆에는 'AURION 상장 기념'이라는 현수막이 걸려 있었다.

류강준이 북채를 잡고, 서유진, 최강혁, 이아름이 그 옆에 나란히 섰다.

"AURION 상장 북을 치겠습니다!" 사회자의 선언과 함께, 류강준이 힘차게 북을 쳤다.

'둥!'

그리고 북소리가 거래소 전체에 울려 퍼졌다.

그 순간 시간이 멈춘 듯했다. 창업 이후의 모든 순간 들이 북소리로 집약되는 것 같았다. 첫 연구실에서의 밤샘 실험, 수백 번의 투자 제안서 작성, 거절의 아픔, 기술 소송, 그리고 마침내 상장...

북소리가 들리자 폭발적인 박수가 터져 나왔다. 카메라 플래시가 번개처럼 터졌고, "축하합니다!"라는 축하 인사가 여기저기서 쏟아졌다.

■ 매매 개시, 시장의 뜨거운 반응

오전 9시, 드디어 AURION 주식의 매매가 개시됐다. 대형 스크린에 실시간 호가 창이 떴다.

AURION의 시초가는 98,800원이었다. 공모가 59,500원 대비 66.1% 상승한 가격이었다.

"대박입니다!"

이아름이 소리쳤다.

거래량도 폭발했다. 첫 1분 만에 150만 주가 거래됐고, 스크린에 표시된 AURION 주가는 계속 상승했다.

오전 11시경 주가는 차익실현 및 단기 매매 물량이 나오면서 91,000원까지 조정을 받았다.

오후 3시 30분, AURION 105,000원으로 마감했다. 공모가 대비 약 76.5% 상승한 수준이었다. 상장 첫날의 시가총액은 2조 2,050억 원을 기록했다.

"언론에서 계속해서 속보가 나가고 있습니다. '기후테크 유니콘 AURION, 상장 첫날 성공적인 시장 데뷔'라고요!!"

언론과 시장의 뜨거운 관심

상장 성공 소식은 즉시 전국으로 퍼져나갔다. 경제 전문 방송들이 속보를 내보냈고, 포털사이트 실시간 검색어 1위에 'AURION 상장'이 올랐다.

"코리아 비즈 채널에서 인터뷰 요청이 들어왔습니다."
이아름이 보고했다.
"비즈니스 투데이, 경제 뉴스24에서도 연락이 왔고요."

각종 증권사에서도 긍정적인 애널리스트 분석 리포트를 쏟아냈다.
"유리증권에서 목표가 130,000원을 제시했습니다."
최강혁이 뉴스를 확인하며 말했다.

"JH투자 증권은 125,000원, FB증권은 130,000원입니다."

"AURION의 성공은 한국 기후테크 산업의 가능성을 보여준 상징적 사건"이라는 분석이 대부분이었다.

온라인 커뮤니티에서도 뜨거운 반응이 이어졌다. "청약 못한 게 후회된다", "상장 후 첫 하락 때 매수하겠다", "기후테크의 새로운 시대가 열렸다" 등의 댓글이 쏟아졌다.

■ 축하 만찬과 새로운 다짐

그날 저녁, 서울 시내 호텔에서 상장 기념 만찬이 열렸다. 기존 투자자, 협력사, AURION 관계자들이 참석한 가운데 성공을 축하하는 자리였다.

류강준이 건배사를 했다.
"오늘 상장에 성공했지만, 이제부터가 진짜 시작입니다. 투자자들께 실적으로 보답하겠습니다."

만찬이 끝나고 라운지에서 핵심 팀원들만 모였다.
"아직도 실감이 안 나네요."
서유진이 말했다.
"상장기업이라니..."

"14년이 걸렸네요."
최강혁이 감회에 젖어 말했다.

이아름이 현실적인 이야기를 꺼냈다.

"이제 분기마다 실적 발표해야 하고, 주주들 앞에서 설명해야 해요. 부담이 만만치 않을 것 같아요."

류강준이 조용히 동의했다.

"맞습니다. 상장은 자금 조달 수단이었지, 목표 자체는 아니었으니까요. 앞으로 5년은 더 중요합니다."

그날 밤, AURION의 상장은 한국 기후테크 산업의 새로운 이정표가 되었다. 14년간의 여정이 마무리되고, 더 큰 꿈을 향한 새로운 출발점에 선 순간이었다.

실무 가이드 67 신규상장 신청 단계

상장예비심사 승인 이후 공모 과정을 거쳐 최종적으로 한국거래소에 신규상장 신청을 하는 본심사 단계는 상장 여정의 마지막 관문이다. 수요예측과 청약 결과를 바탕으로 한 실질적인 상장 승인 여부가 결정되는 중요한 절차이다.

신규상장 신청 본심사의 핵심 실무 절차

1. 신규상장 신청 관련 구성

- **관련 구성** : 코스닥 시장 상장 규정 제27조(신규상장 신청)에 따라 신규상장 신청서를 한국거래소에 제출
- **제출 요건** : 예비심사 승인 이후 증권신고서 제출 및 공모 과정을 거쳐야 하며, 예비심사 승인일로부터 6개월 이내 신규상장 신청 완료 필요

- **신청 주체** : 해당 종목을 보증 추천하기 위해 지정받은 기관(일반적으로 대표 주관사)이 신규상장 신청인 역할 수행

2. 상장 내용

- 상장신청인의 기업 특성 및 시장평가 기준에 따른 신규상장 신청서 제출 의무
- 과거 재무성과 및 영업실적에 기반한 지속적 기업가치 창출 능력 입증 필요
- 경영성과 요건 중 종합 검토에 따른 감사 의견 확인 및 핵심성과지표 달성 여부 검토
- 공모 과정에서 완료된 신규상장 신청 기준에 따른 신규상장 신청서 작성과 한국거래소의 신규상장 신청에 대한 종합 평가

3. 주요 변동 사항 심사

- 상장신청인은 상장예비심사 승인 이후 공모 과정까지 개선되어야 하며, 한국거래소는 상장예비심사 승인 이후 주요 변동 사항을 심사하여 신규상장 승인 여부를 최종 결정
- 상장신청인의 상장예비심사 신청일 이후 상장예비심사까지 최근 사업연도 재무제표 및 감사보고서에 기반한 재무 요건 등 기업이 재무 사항에 기준하여 신규상장 승인 여부 검토 내용 승인
- 예비심사 승인 이후 사업환경 변화, 재무상황 악화 등 중대한 변동 사항 발생 시 재심사 가능
- 또한 경과 기간 중 변동 사항 확인 및 상황변화 추이 검토를 통해 주요 변동 사항의 작업을 흔히 수요 변동 사항을 검토하여 신규상장 승인을 위한 조건 달성 여부를 집중 검토

신규상장 신청 본심사는 실질적인 상장 적격성을 재검증하는 과정이다. 예비심사 승인 이후 기업의 변동 사항을 지속적으로 관리한다.

Chapter 10

다음 단계의 비전

상장 성공의 달콤함도 잠시, AURION은 초기 투자자들의 매도 물량으로 인한 오버행 이슈를 겪는다. 2028년 사업 호조로 예상을 뛰어넘는 성장과 흑자 전환을 달성하지만, 2029년 글로벌 경기침체로 주가가 다시 급락하자 자사주 매입을 단행한다.

한편 류강준은 미세 기후 제어의 한계를 넘어 탄소 문제의 근본 해결책인 CCUS 기술개발에 도전하기로 결정한다. 막대한 투자비와 높은 실패 확률에도 불구하고 장기적 관점에서 차세대 기후 기술 연구에 착수한다.

2030년 푸켓 워크케이션에서는 직원들의 숨겨진 재능을 발견하고 새로운 비전 "Technology for Every Life on Earth"를 선언한다. 성공한 기업이 더 큰 도전을 향해 나아가는 성장 스토리가 펼쳐진다.

새로운 규칙의 시작 :
상장 이후의 변화

■ 상장 첫 주, 달콤한 현실

2027년 9월 5일 상장 이후 첫 주간 내내 AURION 사무실은 축제의 분위기로 가득했다. 대표실에는 상장 패와 화환이 쌓여 있었고, 각종 언론사와 파트너사들로부터 축하 인사가 줄을 이었다.

"아직도 실감이 안 나네요."
서유진이 모니터에 뜬 AURION 주가를 바라보며 말했다.

98,800원에서 시작한 첫날 이후, 주가는 95,000원대를 안정적으로 유지하고 있었다. 공모가 59,500원 대비 60% 이상 오른 상황이었다.

최강혁 CFO가 거래량 데이터를 정리하며 보고했다.
"일 평균 거래량이 350만 주를 넘고 있습니다. 외국인 투자자 비중도 25%까지 올라왔고요. 시장에서 긍정적으로 평가하고 있는 것 같습니다."

바로 그때, 이아름 CMO가 급히 들어왔다.
"대표님, 언론 요청이 쏟아지고 있습니다. 코리아 비즈 채널 9시 뉴스에서 AURION 특집 방영 요청과 MVN에서 특집 인터뷰 요청이 들어왔고, 블룸버그에서도 아시아 기후테크 기업 인터뷰 요청이 왔어요. 그리고 MQ 잡지사에서 인터뷰 요청까지..."

▪▪ 첫 번째 시련, 오버행 이슈

그렇게 행복에 겨운 날들을 보내던 중, AURION에게 첫 번째 시련이 찾아왔다. 일부 초기 투자자들의 보호예수가 해제되면서 매도 물량이 나오기 시작한 것이다.

"대표님, 이슈가 생겼습니다."
최강혁이 급히 보고했다.
"기관투자자들이 일부 물량을 매도하기 시작했습니다."

주가는 하루 만에 96,000원에서 84,000원까지 급락했다. 12.5% 하락이었다.

온라인 커뮤니티에서는 우려의 목소리가 나오기 시작했다. "기관투자자들이 빠져나가는 것 아니냐", "상장 후 첫 악재인가" 등의 글들이 올라왔다.

"벤처캐피털들이 본격적으로 매도에 나서고 있습니다."
최강혁이 현 상황을 분석했다.
"예상보다 물량이 많네요."

류강준이 침착하게 대응했다.
"예상된 일입니다. 우선 시장에 정확한 정보를 전달하는 것부터 시작합시다."

다음 날 오후, AURION은 컨퍼런스 콜을 통해 기관투자자에게 상황을 설명했다. "일부 벤처캐피털의 보호예수 해제에 따른 정상적인 매도 거래로 판단되며, 회사의 사업 계획과 펀더멘털에는 변화가 없다"고 발표했다.

류강준은 주요 언론사와 인터뷰를 진행했다.

"초기 투자자들의 매도는 자연스러운 과정입니다." 그가 블룸버그 인터뷰에서 말했다. "중요한 것은 우리의 사업이 계획대로 진행되고 있다는 점입니다. 2028년 흑자 전환 목표에는 변함이 없습니다."

이후 며칠간 주가는 84,000원에서 88,000원 사이에서 등락을 거듭하며 새로운 균형점을 찾아갔다. 시장은 점차 오버행 이슈를 소화하기 시작했고, 주가의 변동성도 줄어들었다. 투자자들의 관심은 다시 회사의 실적과 미래 전망으로 돌아왔다.

◾ 예상을 뛰어넘는 성장

2028년 1분기 실적 발표일, AURION 회의실은 긴장과 기대가 교차하는 분위기였다.

"1분기 매출이 680억 원입니다."
최강혁이 실적 자료를 펼치며 발표했다.

"전년 동기 대비 85% 증가했습니다."

류강준이 놀라며 다시 확인했다.
"계획보다 빠른 성장이네요."

서유진이 사업 현황을 보고했다.
"미국 진출이 예상보다 빨리 궤도에 올랐습니다. 미슬라 기가팩토리 프로젝트 이후 GOM, BNW에서도 연락이 왔어요. 그리고 국내에서는 상성전자 화성 공장에 센서 시스템 추가 공급 계약을 체결했습니다."

이아름이 추가로 설명했다.

"기후 이상 현상이 증가하면서 스마트팜 분야에도 수요가 폭증하고 있습니다. 작년 여름 폭염과 겨울 한파를 겪은 농가들이 적극적으로 도입하고 있어요."

글로벌 확장의 가속화

2분기에는 더 큰 변화가 있었다.

"유럽 진출이 확정됐습니다."

류강준이 화상회의를 마친 후 보고했다.

"네덜란드 로테르담 항구에 스마트 물류 시스템을 구축하는 프로젝트를 수주했어요. 계약 규모가 420억 원입니다."

최강혁이 재무 전망을 업데이트했다.

"이 계약까지 포함하면 2분기 매출이 750억 원을 넘을 것 같습니다. 반기 누적으로는 1,500억 원이 되겠네요."

김도윤이 시장평가를 전달했다.

"증권사들이 목표가를 상향 조정하고 있습니다. 유리증권이 170,000원, JH투자증권이 185,000원으로 올렸습니다."

흑자 전환의 현실화

3분기 들어서는 더욱 놀라운 소식이 이어졌다. 미국 지역 생산법인의 가동률이 증가하면서 영업레버리지 효과로 인해 이익률이 개선되었다.

"3분기 영업이익은 85억 원입니다."

최강혁이 흥분을 감추지 못하며 발표했다.

"드디어 흑자 전환했습니다!"

사무실 전체가 환호성으로 가득 찼다. 상장 이후 1년 만의 첫 분기 흑자였다.

류강준이 감격스러운 표정으로 말했다.
"정말 오래 기다린 순간이네요. 하지만 이제 시작입니다. 지속 가능한 성장을 보여드려야 해요."

서유진이 성장 동력을 분석했다.
"매출 증가와 함께 규모의 경제 효과가 나타나고 있습니다. 센서 생산량이 늘면서 단위당 원가가 30% 줄었어요. 그리고 AI 알고리즘 라이선스 수익이 예상보다 높게 나오고 있습니다."

■ 시장의 재평가

4분기가 되자 AURION에 대한 시장의 시각이 완전히 바뀌었다.

"연간 매출이 2,680억 원으로 마감될 예정입니다."
최강혁이 연말 전망을 발표했다.

"영업이익은 210억 원, 당기순이익은 200억 원을 기록할 것 같습니다."

이는 당초 계획했던 매출 2,500억 원 매출, 영업이익 180억 원을 크게 웃도는 수치였다.
주가도 상승세를 이어갔다. 84,000원대에서 머물던 주가가 연말에는 115,000원까지 올랐다.

"기후테크 대장주로 확실히 자리 잡았습니다."

이아름이 언론 동향을 보고했다.

"코리아 비즈니스 어워드에서 '올해의 혁신 기업상'도 받았습니다."

류강준이 마지막으로 소감을 전했다.

"2028년은 정말 꿈같은 한 해였습니다. 하지만 성공에 취하지 말고, 2029년에는 더 견고한 성장을 만들어 가야 합니다."

실무
가이드 68 오버행 이슈

상장 성공 이후 기업이 직면하는 가장 큰 도전 중 하나는 오버행(Overhang) 이슈다. 대량의 잠재적 매도물량이 시장에 나올 가능성은 주가 변동성을 증대시키고 투자자 신뢰에 영향을 미칠 수 있어 체계적인 관리가 필요하다.

오버행 이슈 관리 및 매도압력 대응 핵심 전략

1. 오버행 이슈의 이해와 발생 원인

- **오버행 정의** : 시장에 언제든지 대량으로 풀릴 수 있는 잠재적 매도물량으로, 실제 매도가 발생하지 않더라도 투자자들에게 불안감을 조성하는 현상이다.

- **주요 발생 요인** : 상장 후 6개월 의무보유 기간 만료, 스톡옵션 행사 후 매도, 재무적투자자(FI) 지분 처분, 전환사채(CB) 및 신주인수권부사채(BW)

전환

- **심리적 영향** : 대량 매도 가능성에 대한 우려만으로도 주가 하락 압력으로 작용하며, 새로운 투자자 유입을 저해할 수 있다.

2. 보호예수 체계 및 해제 일정 관리

- **의무보유 제도** : 최대주주 및 특수관계인의 주식을 상장일부터 6개월간 의무적으로 보유하도록 하여 상장 초기 대량매도 방지
- **차등 보호예수 설계** : 대표이사는 1년(기본 6개월 + 추가 6개월), 업무집행지시자는 6개월 등 대상자별 특성을 고려한 단계적 해제 체계 구축
- **자발적 보유확약** : 의무보유 기간을 초과하여 매도금지 기간을 설정하는 자발적 보유확약을 통해 시장 안정성 제고
- **해제일정 공시** : 한국예탁결제원이 매월 보호예수 해제 물량을 공시하므로, 기업은 해제 일정을 미리 파악하여 대응 전략 수립

3. 매도압력 완화 전략

- **블록딜 활용** : 대량의 주식을 보유한 매도자가 사전에 매수자를 구해 장외에서 거래하는 블록딜을 통해 시장 가격에 미치는 영향 최소화
- **해외 기관투자자 유치** : 글로벌 기관투자자들의 관심을 유도하여 블록딜 수요를 확보하고 안정적인 주주 구조 구축
- **단계적 매도 유도** : 대량 보유자들과의 사전 협의를 통해 일시적 대량 매도보다는 분할 매도를 유도하여 시장 충격 완화
- **자사주 매입** : 시장 상황에 따라 적절한 시점에 자사주 매입을 통해 매도 압력 상쇄 및 주주가치 제고

4. 투자자 관계(IR) 강화 방안

- **투명한 정보 공개** : 보유 물량 현황, 매도 일정, 기업의 중장기 전략을 투명하게 공개하여 시장 불확실성 해소
- **지속적 소통** : 기관투자자 대상 정기적 IR 미팅을 통해 기업가치와 성장 잠재력을 지속적으로 어필
- **실적 개선** : 오버행 우려를 상쇄할 수 있는 견고한 실적 성장과 사업 성과를 통해 주가 지지 기반 확충
- **주주환원 정책** : 배당정책, 자사주 매입 등 적극적인 주주환원을 통해 장기 보유 유인 제공

5. 리스크 모니터링 체계

- **일정 관리** : 보호예수 해제, CB/BW 전환 가능일, 스톡옵션 행사기간 등 주요 일정을 체계적으로 관리
- **시장 상황 분석** : 전체 증시 흐름, 동종업계 상황, 투자자 심리 등을 종합적으로 모니터링
- **사전 대응** : 오버행 이슈 발생 예상 시점 이전에 시장과의 충분한 소통과 대응 방안 마련

조언

오버행 이슈는 상장기업이 피할 수 없는 과제이지만, 사전 계획과 체계적 관리를 통해 충분히 극복 가능하다. 핵심은 시장과의 투명한 소통, 단계적 물량 해소, 그리고 기업가치 제고를 통한 근본적 해결이다. 오버행 해소 이후에는 오히려 주가 상승 동력이 될 수 있음을 인식하고 장기적 관점에서 접근해야 한다.

시장의 시험대 :
경제 충격과 전략적 대응

글로벌 경기침체의 전조

2029년 2월, 성공적인 2028년을 뒤로 하고 새해를 맞이한 AURION에 예상치 못한 소식이 들려왔다.

"미국 연준이 기준금리를 또 0.5%포인트 올렸습니다."

최강혁이 경제 뉴스를 보며 우려스럽게 말했다.

"연속 6번째 인상입니다. 인플레이션이 좀처럼 잡히지 않고 있습니다."

이아름이 추가 정보를 보고했다.

"유럽중앙은행도 따라서 금리를 올릴 예정이라고 발표했습니다. 그리고 중국의 경기 회복이 예상보다 둔화되고 있다는 소식도 있고요."

증시 급락과 주가 하락

3월 들어서면서 우려는 현실이 되었다. 미국 나스닥 지수가 한 달 만에 15% 급락했고, 국내 코스닥 지수도 연일 하락세를 보였다.

AURION 주가도 예외가 아니었다. 연말 115,000원에서 시작한 주가가 4월 말에는 82,000원까지 하락했다.

"회사 실적은 견고한데 주가가 계속 떨어지고 있습니다."

서유진이 답답해했다.

"1분기 실적도 양호한데 시장이 전혀 반응하지 않아요."

그날 저녁, 류강준은 핵심 경영진과 긴급회의를 소집했다.

"현재 상황을 정리해 보겠습니다."

그가 화이트보드에 핵심 지표들을 적어 가며 말했다.

"우리 회사의 펀더멘털은 견고합니다. 2029년 당기순이익 470억 원, 올해 1분기도 130억 원 이상 예상됩니다. 하지만 주가는 82,000원 수준까지 떨어졌어요."

최강혁이 재무 상황을 점검했다.

"2028년 결산으로 이익잉여금이 140억 원 확보됐습니다. 상법 제341조에 따라 배당가능이익 범위 내에서 자사주 취득이 가능한 상황입니다."

김도윤이 법적 검토 결과를 보고했다.

"상법 제341조의2에 따르면 발행주식 총수의 20% 범위 내에서 취득 가능합니다. 현재 발행주식이 1,875만 주이므로 최대 375만 주까지 매입할 수 있어요. 그리고 취득 후 3년 이내에 처분하거나 소각해야 한다는 제약이 있습니다."

최강혁이 구체적인 매입 계획을 제시했다.

"120억 원 규모로 제안합니다. 현재 주가 82,000원 기준으로 약 146만 주, 전체 발행주식의 7.8%에 해당합니다. 이익잉여금 140억 원 범위 내에서 충분히 가능한 규모입니다."

"매입 방식은 어떻게 하시겠습니까?"

나이스투자증권 김도윤 부장을 통해 실무적 절차를 확인했다.

류강준이 대답했다.

"나이스투자증권에 자사주 신탁 방식으로 진행할 예정입니다. 3개월에 걸쳐 단계적으로 매입해서 시장 충격을 최소화하겠습니다. 그리고 매입된 주식은 당장 소각하지 않고 보유하면서 향후 임·직원 스톡옵션 행사나 전략적 제휴 시 활용할 수 있도록 하겠습니다."

김도윤이 공시 절차를 설명했다.

"자사주 취득 결정은 이사회 결의 후 즉시 공시해야 합니다. 그리고 매입 진행 상황은 매월 공시하고, 취득 완료 시에도 별도 공시가 필요합니다."

최강혁이 재무적 효과를 분석했다.

"146만 주를 소각할 경우 발행주식 수가 2,054만 주로 줄어들어 주당순이익이 약 6% 개선됩니다. 그리고 ROE도 자기자본 감소로 인해 상승효과가 있을 것으로 예상됩니다."

류강준이 최종 결정을 내렸다.

"승인합니다. 내일 이사회를 소집해서 정식 결의하겠습니다."

69 자사주 매입의 전략적 활용

자사주 매입은 기업이 발행한 주식을 다시 매입하는 주주환원 정책의 핵심 수단이다. 배당과 함께 대표적인 주주가치 제고 방안으로, 적절한 활용 시 기업가치 증대와 주가 안정화에 기여 할 수 있다.

자사주 매입의 전략적 활용 및 실무 핵심 사항

1. 자사주 매입의 개념과 목적

- **정의** : 회사가 자기 명의와 계산으로 발행한 주식을 재취득하는 것으로, 상법상 '자기주식 취득'이라 함.
- **취득 한도** : 직전 결산기 대차대조표상 배당가능이익 범위 내에서만 가능(상법 제341조)
- **주요 목적** : 주주환원 강화, 주가 부양, 임·직원 스톡옵션 재원 확보, 경영권 안정화, 재무구조 개선

2. 자사주 매입 방법 및 절차

- **매입 방법** : ① 거래소 시장매수(상장기업), ② 주주간 균등조건 취득(비공개 균등조건 취득)
- **사전 결의** : 주주총회(또는 이사회) 결의로 ① 취득 주식의 종류 및 수량, ② 취득가액 총액의 한도, ③ 취득 기간(1년 이내) 결정
- **이사회 세부 결정** : 구체적 취득 조건, 취득가격, 취득방법, 취득시기 등 세부사항 결정

- **주주 통지** : 자기주식 취득 조건을 모든 주주에게 균등하게 통지하고 신청 접수
- **취득실행** : 신청 내역에 따라 비례 배정 또는 추첨을 통한 취득실행

3. 자사주의 전략적 활용 방안

- **M&A 방어 수단** : 적대적 인수합병 시 자사주 보유를 통한 의결권 안정화 및 경영권 방어 효과, 우호적 지분 확대를 위한 전략적 도구
- **스톡옵션 재원** : 임·직원 인센티브 제공 시 신주 발행 대신 보유 자사주를 활용하여 기존 주주의 지분 희석 방지
- **현금 보상 대체** : 스톡옵션 행사 시 신주 발행 대신 자사주 양도로 현금 지급 효과 창출, 차익 현금 보상(Cash Settlement) 방식 활용 가능
- **처분 방식** : 이사회 결의로 제3자 매각, 처분 시기와 가격은 시장 상황을 고려하여 결정
- **소각 절차** : 이사회 결의만으로 소각 가능(자본금 감소 절차 불요), 소각 후 발행주식 수 변경등기 필요

4. 자사주 회계 및 세무 처리

- **회계처리** : 취득 시 '자기주식' 과목으로 자본조정 계정 처리, 처분 시 차액은 자본잉여금 처리, 소각 시 이익잉여금과 상계
- **세무 처리** : 취득가액을 손금불산입, 처분 또는 소각 시 의제배당 과세 여부 검토 필요

5. 전략적 고려 사항

- **시장 반응 효과** : 자사주 매입 공시 시 주가 상승효과가 일반적이나, 실제 매입 실행과 소각 여부가 핵심
- **재무 지표 개선** : 유통 주식 수 감소로 EPS 증가, 자기자본 감소로 ROE 개선, 단 부채비율 증가 주의 필요
- **배당정책과의 조화** : 배당과 자사주 매입의 적절한 조합을 통한 최적 주주환원 정책 수립
- **시장 상황 고려** : 주가 수준, 투자 기회, 재무 여력 등을 종합 고려한 매입 시점과 규모 결정

6. 리스크 관리 및 준수사항

- **법적 준수** : 상법 제341조 자기주식 취득 요건과 절차 엄격 준수, 배당가능이익 한도 내 취득
- **공시의무** : 자사주 매입 결정, 진행 상황, 완료 결과 등 관련 공시 철저 이행
- **이사 책임** : 배당가능이익 부족 시 이사의 손해배상책임 발생 가능성, 취득 결정 시 신중한 검토 필요
- **세무리스크** : 업무 무관 자금 지급 시 업무 무관 가지급금 과세, 실질과세 원칙 적용 주의
- **주주평등원칙** : 특정 주주 우대 금지, 모든 주주에게 균등한 조건으로 취득 기회 제공

조언

자사주 매입은 주가 부양책이 아닌 종합적인 자본 정책의 일환으로 접근해야 한다. 배당가능이익 범위 내에서 재무 건전성을 유지하면서, 장기적 주주가치 창

출에 기여할 수 있는 전략적 관점에서 실행하는 것이 중요하다. 특히 법적 절차 준수와 투명한 공시를 통해 시장의 신뢰를 확보하는 것이 성공의 핵심이다.

초격차를 향한 진화 :
끊임없는 혁신

■■ 새로운 도전, 게임 체인저를 찾아서

류강준 집무실 안, 한쪽 벽면 전체를 차지한 스마트 디스플레이에 CCUS(탄소 포집·활용·저장) 시장 데이터가 실시간으로 업데이트되고 있었다. 2028년 42억 달러 규모에서 연평균 19% 성장이 예상되는 거대한 신시장이었다.

"미세 기후 제어로는 한계가 명확해졌습니다."
류강준이 홀로그램 차트를 확대하며 말했다.

"더 큰 임팩트를 원한다면 탄소 문제의 근본 해결책을 찾아야 합니다."

그가 주목한 CCUS 기술은 AURION의 AI와 나노센서 기술을 확장할 수 있는 완벽한 영역이었다. 하지만 동시에 가장 어려운 도전이기도 했다.

"전 세계 대형 탄소 포집 플랜트 15곳 중 12곳이 목표 달성에 실패했습니다."
서유진이 데이터를 분석하며 우려를 표했다.

"기술적 난이도가 우리가 지금까지 다뤄온 것과는 차원이 다릅니다."

최강혁도 신중한 입장이었다.
"CCUS는 초기 투자만 200억 원 이상입니다. 실패 확률을 고려하면 위험부담이 있습니다."

"그래서 더 매력적인 것 아닙니까?"
류강준이 웃으며 반박했다.

"남들이 포기한 곳에 진짜 혁신의 씨앗이 숨어 있었습니다. 그리고 그게 AURION
이 지금까지 해온 방식이었죠."

■ 사전 조사와 기술 검토

작년 12월부터 시작된 CCUS 기술 검토가 본격화됐다. 서유진이 꾸린 8명의
크로스펑셔널 팀이 6개월간 글로벌 선진 사례를 분석한 결과가 나온 것이다.

"노르웨이 슬라이프너, 캐나다 퀘스트, 아이슬란드 카르픽스 프로젝트까지 분
석해 봤더니, 공통점을 발견했습니다." 새로 영입한 CCUS 전문가 김태호 박사가
AI 시뮬레이션 결과를 보여줬다. "모두 특정 환경 조건에서만 효율이 나오는 한계
가 있습니다."

서유진이 혁신적인 아이디어를 제시했다.
"우리 AI 알고리즘을 CCUS에 적용해 보면 어떨까요? 실시간 가스 성분 분석과
최적 포집 조건을 동시에 찾아내는 것입니다."

"이론적으로는 혁신적인 접근입니다."
김태호가 관심을 보였다.
"하지만 산업 현장에서 검증하려면 최소 24개월은 필요할 것 같습니다."

■ 인프라 구축과 인재 영입

경기도 화성시에 위치한 10,000평 규모의 부지에는 아직 빈 공장 건물만 서 있었지만, AURION이 새로 확보한 'CCUS 연구센터' 예정지로 향후 실증 설비가 들어설 중요한 공간이었다.

"1단계로 3,000평 규모 파일럿 플랜트를 구축합니다."
서유진이 증강현실 헬멧을 쓰고 설계도를 3D로 시연했다.

"기존 기술 검증부터 하고, 우리만의 AI 솔루션을 단계별로 통합하는 것입니다."

인재 영입도 가속화됐다. 포수코에서 환경 기술 전문가를 CCUS 사업본부장으로 영입했고, 상성엔지니어링 출신 연구진 12명이 추가로 합류했다.

"실험실 기술을 실제 공장에 적용하는 것은 완전히 다른 게임입니다."
사업본부장이 현실적인 조언을 했다.
"스케일업 과정에서 80%의 기술이 실패하거든요."

■ 장기적 관점과 전략 수립

2030년 9월 이사회에서 류강준은 현황을 공유했다.

"CCUS 프로젝트는 당초 예상했던 것보다 시간이 더 필요할 것 같습니다."
그가 홀로그램 로드맵을 띄우며 설명했다.
"1년 계획이었는데, 최소 30개월은 걸릴 것 같습니다."

최강혁이 재무적 관점에서 우려를 표명했다.

“투자비가 지속적으로 증가하는데, 수익 창출 시점이 계속 미뤄지고 있습니다.”

“장기전으로 접근해야 합니다.”
류강준이 단호하게 말했다.

“급하게 서두르다 실패하는 것보다, 확실한 기술력을 차근차근 쌓아가는 것이 AURION다운 방식입니다.”

이아름이 브랜딩 관점에서 제안했다.
“당분간 대외적으로는 ‘Next-Gen Climate Tech 연구’라고만 하고, 구체적 일정은 비공개하는 것이 어떨까요? 섣부른 기대감 조성은 피하고 싶습니다.”

■ 2030년 마무리, 혁신의 철학

2030년을 마무리하며, 류강준은 CCUS 프로젝트를 통해 AURION의 새로운 혁신 철학을 정립했다.

“진짜 혁신은 단거리 달리기가 아니라 마라톤입니다.”
그가 화성 연구센터 전체 구성원 앞에서 선언했다.

“남들이 포기한 분야에서 10년, 20년을 내다보고 투자할 수 있는 기업만이 게임 체인저가 될 수 있습니다.”

또 다른 시작점이었지만, AURION의 야심찬 프로젝트가 새로운 막을 올린 순간이었다. 기후 위기 해결의 게임 체인저를 꿈꾸는 새로운 여정이 시작된 것이다.

70 제품 사업화

신기술을 활용한 신제품 개발은 혁신과 성장의 핵심 동력이지만, 높은 불확실성과 복잡한 개발 과정을 수반한다. 체계적인 접근과 단계별 검증을 통해 기술의 사업적 가치를 극대화하는 전략이 필요하다.

신기술을 활용한 신제품 사업화의 핵심 실무 프로세스

1. 기술 발굴 및 평가 단계

- **기술 원천 탐색** : 대학·연구소 R&D 성과, 해외 기술 동향, 특허 분석을 통한 유망 기술 발굴

- **기술성 평가** : 기술의 완성도, 차별성, 확장 가능성, 지적 재산권 확보 현황 등 종합 검토

- **사업화 가능성 분석** : 시장 수요, 경쟁 환경, 진입장벽, 규제 환경 등 사업 환경 분석

- **Due Diligence** : 기술이전 전 기술의 법적 권리관계, 선행기술 조사, 특허 침해 위험도 검토

2. 기술이전 및 확보 프로세스

- **기술이전 협상** : 기술료, 로열티, 독점/비독점 라이선스 조건 등 협상 및 계약 체결

- **정부 R&D 활용** : 중소기업 기술혁신 개발, 기술이전 사업화 R&D 등 정부 지원사업 연계

- **기술개발 파트너십** : 기술 보유기관과의 공동연구, 위탁연구 등 협력 관계 구축
- **지식재산권 관리** : 특허 출원, 상표등록, 영업비밀 보호 등 IP 포트폴리오 구축

3. 제품 개발 및 검증 단계

- **제품 콘셉트 개발** : 기술을 활용한 제품 아이디어 구체화, 핵심 기능 및 차별점 정의
- **프로토타입 제작** : MVP(Minimum Viable Product) 개발을 통한 핵심 기능 검증
- **시장 검증** : 잠재 고객 인터뷰, 베타테스트, 파일럿 프로젝트를 통한 시장 반응 확인
- **제품-시장 적합성(PMF) 달성** : 고객 피드백을 반영한 제품 개선 및 시장 수요 검증

4. 사업화 전략 수립

- **비즈니스 모델 설계** : 수익모델, 가격전략, 유통채널, 고객 세분화 등 종합적 사업모델 구축
- **시장 진입 전략** : 초기 타깃 시장선정, 고객 획득 전략, 경쟁 대응 방안 마련
- **재무 계획** : 개발비용, 생산비용, 마케팅 비용 등을 고려한 손익분기점 분석 및 자금 조달 계획
- **리스크 관리** : 기술적 위험, 시장위험, 재무적 위험 등에 대한 대응 방안 수립

5. 사업 실행 및 성과 관리

- **제품 개발 관리** : 개발 일정, 품질관리, 공급망 구축 등 제품화 프로세스 체

계적 관리

- **시장 출시** : 마케팅 캠페인, 유통채널 확보, 고객 지원체계 구축을 통한 성공적 런칭

- **성과 모니터링** : 매출, 시장 점유율, 고객만족도 등 핵심성과지표(KPI) 지속 추적

- **사업 확장** : 성공 사례를 바탕으로 한 시장 확대, 제품 라인업 확장, 해외 진출 등 성장 전략 실행

6. 정부 지원 프로그램 활용

- **R&D 지원사업** : 중소기업 기술혁신 개발, 창업 성장기술 개발, 상용화 기술 개발 등 단계별 맞춤 지원

- **사업화 지원** : 기술사업화 촉진 사업, 기술혁신 개발사업 등을 통한 사업화 자금 및 컨설팅 지원

- **인증 및 표준화** : 신기술(NET) 인증, 우수신기술(NEP) 인증 등을 통한 시장 신뢰도 제고

- **판로 지원** : 공공 구매, 중소기업 제품 우선구매 등 초기 시장 확보 지원 제도 활용

7. 핵심 성공 요인

- **기술-시장 연계** : 기술의 우수성과 시장 수요를 연결하는 명확한 가치 제안 개발

- **단계별 검증** : 각 단계에서의 철저한 검증을 통한 위험 최소화와 성공 확률 제고

- **협력 네트워크** : 기술 보유기관, 투자자, 파트너사 등과의 전략적 협력관계 구축

- **지속적 혁신** : 초기 제품 성공 이후에도 지속적인 기술개발과 제품 혁신을 통한 경쟁력 유지

조언

기술의 완성도만큼 중요한 것은 시장의 준비도와 고객의 수용성이다. 단계별로 충분한 검증을 거치고, 정부 지원 프로그램을 적극 활용하며, 실패로부터 빠르게 학습하여 개선하는 접근이 필요하다.

실무 가이드 71 아이디어에서 출시까지, Stage 프로세스

신제품 개발을 5단계(범위 규정 → 사업계획 → 개발 → 테스트 → 출시)로 나누고, 각 단계 사이 검토 지점(Gate)에서 프로젝트의 지속 여부를 결정하는 체계적 방법론이다. 각 게이트에서 명확한 기준으로 약한 프로젝트를 조기에 걸러내 자원 낭비를 방지하고, 시장 검증을 단계별로 강제함으로써 스타트업 실패의 주요 원인인 '시장 수요 부족'을 예방한다. 스타트업은 이를 린 스타트업 방식과 결합해 PMF 검증 속도를 높이면서도 체계성을 확보할 수 있다.

체계적 제품 개발의 핵심 프레임 워크

1. Stage-Gate 프로세스 이해

- **기본 구조** : 제품 개발 전체 과정을 여러 단계(Stage)로 나누고, 각 단계 사

이에 검토 지점(Gate)을 배치한다. 각 게이트에서는 경영진이나 의사결정위원회가 사업성, 리스크, 자원 가용성을 평가해 프로젝트의 계속·중단·보류 여부를 결정한다.

- **5단계 구조** : ① 범위 규정(Scoping) → ② 사업 계획 구축(Business Case) → ③ 개발(Development) → ④ 테스트와 검증(Testing & Validation) → ⑤ 출시(Launch). 각 단계는 특정 정보 수집과 목표 달성에 집중한다.
- **효과** : 신제품 개발 기간 단축, 각 단계별 신속한 의사결정으로 인력과 예산의 최적 배분이 가능하며, 약한 프로젝트를 조기에 걸러내 자원 낭비를 방지한다.

2. 단계별 실행 전략

- **발견(아이디어 선별)** : 브레인스토밍으로 도출된 아이디어를 고객 니즈, 시장 잠재력, 자사 역량 관점에서 평가한다. 이 단계에서 포트폴리오 관리를 통해 실현가능한 프로젝트를 선별한다.
- **Stage 1(범위 규정)** : 제품의 강점·약점을 분석하고 고객 가치를 파악한다. SWOT 분석이나 PESTEL 분석을 활용해 경쟁사 위협과 시장 기회를 평가한다. 이 정보로 Gate 2 통과 여부를 결정한다.
- **Stage 2(사업 계획의 구성)** : 제품 정의, 시장 분석, 사업 타당성 검토, 프로젝트 계획을 수립한다. 고객 가치 제안을 명확히 하고, 재무 모델과 수익성을 검증한다. 이는 본격적 개발 전 마지막 검증 단계다.
- **Stage 3(개발)** : 확정된 계획에 따라 프로토타입을 제작하고 초기 디자인을 완성한다. 마케팅 계획도 병행 수립하며, 타임라인을 지속 점검해 프로젝트가 계획대로 진행되는지 확인한다.
- **Stage 4(테스트와 검증)** : 제품과 프로세스를 검증한다. 내부 테스트로 문제를 파악하고, 베타 버전을 통해 고객 반응을 수집하며, 시장 테스트로 실제

수요를 측정한다. 신제품 출시 계획과 판매 전략을 최종 점검한다.

- **Stage 5(출시)** : 제품을 시장에 정식 출시하고 홍보와 판매를 시작한다. 마케팅팀의 역할이 중요하며, 출시 후 시장 반응을 모니터링해 개선점을 파악한다.

3. 스타트업을 위한 적용 전략

- **유연한 운영** : 프로젝트 규모와 리스크에 따라 2~3단계만 진행할 수도 있다. 작은 개선 프로젝트는 Stage 3(개발)과 Stage 4(테스트)만으로 충분하다. 핵심은 각 게이트에서 명확한 기준으로 의사결정하는 것이다.
- **PMF(제품-시장 적합성) 검증** : 스타트업은 MVP(최소 기능 제품)를 빠르게 출시해 시장 반응을 확인하는 린 스타트업 방식과 결합할 수 있다. Stage-Gate의 체계성과 린 방식의 속도를 조화시켜 '만들기-측정-학습' 사이클을 반복한다.
- **핵심 지표 관리** : 리텐션(재방문율) 20~30% 이상, Sean Ellis 테스트에서 '매우 실망' 응답 40% 이상, LTV/CAC 비율 3 : 1 이상 등의 지표로 PMF 달성 여부를 확인한다.

4. 게이트 운영의 핵심

- **명확한 평가 기준** : 각 스테이지마다 사업성, 기술 타당성, 재무 수익성, 전략적 적합성 등 객관적 기준을 사전에 정의한다. 스코어카드를 활용해 정량적으로 평가하면 주관을 배제할 수 있다.
- **이해관계자 참여** : 제품 개발팀, 마케팅, 영업, 재무 등 관련 부서가 게이트 회의에 참석해 다각도로 검토한다. 부서 간 협업을 촉진하고 커뮤니케이션을 강화한다.
- **실행 규율** : 게이트는 단순 보고가 아닌 '치아 있는' 의사결정 회의다. 기준

미달 시 과감히 프로젝트를 중단하거나 재검토해야 한다. 이것이 약한 프로젝트를 걸러내는 품질관리 장치다.

5. 주의 사항

- **과도한 경직성 경계** : 지나치게 표준화된 프로세스는 창의성을 저해할 수 있다. 프로세스 준수와 유연성 사이 균형을 유지한다.
- **시장 우선 접근** : 제품을 만들기 전에 시장 질문에 답하라. 고객이 진짜 문제에 관심 있는가? 비용 효율적으로 고객에게 도달 가능한가? 지불 의향이 있는가?

조언

국내 스타트업의 1년 생존율은 64.8%에 불과하다. CB Insight 조사에 따르면 스타트업 실패의 최대 원인은 '시장 수요 부족'이다. Stage-Gate 프로세스는 각 단계에서 시장 검증을 강제해 이런 실패를 예방한다. 핵심은 '올바른 프로젝트 선택'과 '프로젝트의 올바른 수행' 두 가지를 모두 달성하는 것이다.

새로운 항해 :
기적 너머의 비전

■ 2031년 여름

상장 후 4년이 흐른 시점인 2031년, AURION은 전 세계 각지에서 필수적인 기후 인프라로 자리를 잡았다. 강원도 산간부터 중동 사막, 동남아 몬순 지역까지 AURION의 AI 예측 시스템이 수많은 생명을 구하고 있었다.

"여러분 덕분에 지금의 AURION이 있습니다."
류강준이 전 직원 앞에서 말했다.

"감사의 마음을 담아, 특별한 선물을 준비했습니다."

그가 공개한 것은 태국 푸켓 전 직원 워크케이션이었다. 직원뿐만 아니라 가족들까지 모두 초대하는 5박 6일 일정이었다.

"회사에서 가족들까지?"
김도진이 놀라워했다.

"우리 모두 가족 아닙니까."
류강준이 환하게 웃었다.

푸켓 리조트에서 평소 업무에만 매달렸던 직원들이 진정한 휴식을 만끽하기 시작했다.

"몇 년 만에 진짜 휴가인지 모르겠네요!"
서유진이 처음으로 바다에 풍덩 뛰어들며 소리쳤다. 평소 연구실에서만 보던 그녀의 새로운 모습에 동료들이 환호를 보냈다.

최강혁은 그의 분신과도 같은 태블릿을 놓아둔 채, 비치발리볼에 합류했다.
"단순하게 점수만 계산하면 되니까 완전 편하네요!"
그가 공을 놓치며 크게 웃었다.

이아름은 리조트 셰프에게 태국 요리를 배우고 있었다.
"마케팅도 창조적이지만, 요리도 정말 창조적이네요!"

김민지는 다른 직원들의 자녀들과 함께 모래성을 쌓으며 동심으로 돌아가 있었고, 이현수는 현지 가이드와 함께 섬 투어를 기획하고 있었다.

■■ 숨겨진 재능들의 발견

셋째 날 저녁, 리조트 로비에서 즉석 장기 자랑이 시작됐다. 처음에는 아무도 나서려 하지 않았지만, 류강준이 먼저 무대에 올라 서툰 기타 연주를 선보이자 분위기가 달아올랐다.

"저도 한번 해보겠습니다."
평소 조용했던 경리팀 박수연이 조심스럽게 손을 들었다.

그녀가 피아노 앞에 앉더니 쇼팽의 녹턴을 연주하기 시작했다.

아름다운 선율이 로비 전체에 울려 퍼졌다. 평소 숫자와 씨름하던 그녀의 손가락에서 이런 예술적 감성이 나올 줄은 아무도 몰랐다.

"어릴 때부터 피아노를 쳤는데, 회사에서는 말할 기회가 없었어요."

수연이 수줍게 말했다.

"회계 일을 할 때도 머릿속으로 음악을 떠올리면 숫자가 더 잘 보여요."

다음은 IT팀 김영진의 차례였다. 그가 선보인 것은 놀랍게도 마술이었다. 동전을 사라지게 하고, 카드 트릭을 선보이며 관객들을 사로잡았다.

"프로그래밍과 마술의 공통점이 많아요."

영진이 설명했다.

"논리적 순서와 관객의 시선 유도, 그리고 완벽한 타이밍이 핵심이거든요. 코딩할 때 막히면 마술 연습을 하면서 창의성을 키웠습니다."

가장 놀라운 발견은 마케팅팀 김진호였다. 그가 태국 전통춤을 추기 시작했을 때 모든 사람이 입을 다물지 못했다.

"대학 시절 교환학생으로 태국에 있을 때 배웠어요."

진호가 우아한 손동작을 보여주며 말했다.

"현지 문화를 이해해야 진짜 마케팅이 가능하다고 생각해서요. 지금도 새로운 시장에 진출할 때마다 그 나라 전통춤을 배우려고 합니다."

서유진도 예상 밖의 재능을 선보였다. 그녀가 스케치북을 꺼내 10분 만에 완성한 리조트 풍경화는 전문가 수준이었다.

"연구할 때 복잡한 알고리즘을 시각화하다 보니 자연스럽게 그림을 그리게 됐어요."

서유진이 설명했다.

"기술을 예술로 표현하면 더 직관적으로 이해할 수 있거든요."

■■ 해변에서의 특별한 순간

해질녘, 해변에서 바비큐 파티가 열렸다. 갓 잡아 올린 새우와 현지 과일들, 그리고 직원들이 직접 준비한 음식들이 테이블을 가득 채웠다.

"이렇게 여유로운 시간은 정말 오랜만이네요."
최강혁이 해변을 거닐다가, 파도 소리를 들으며 혼자 앉아 있는 서유진을 발견했다.

"서유진 CTO님, 오랜만에 쉬고 계신 모습을 보는 것 같습니다."
그가 다가가며 말했다.

"최강혁 CFO님도요. 숫자 대신 저 별들을 세고 계시는군요."
서유진이 하늘을 올려다보며 웃었다.

잠시 편안한 침묵이 흘렀다.
"사실..."
최강혁이 먼저 말을 꺼냈다.

"예전에 제가 CTO님의 기술적 비전을 제대로 이해하지 못했던 것 같습니다. 너무 당장의 숫자에만 매달려서."

"아닙니다."
서유진이 말했다.

"CFO님의 현실적인 관점 덕분에 저도 더 실용적인 기술을 만들 수 있었어요. 서로 다른 시각이었지만, 결국 같은 꿈을 향해 가고 있었던 것이죠."

"맞습니다."
최강혁이 미소 지었다.

"이제야 알겠습니다. 기술과 경영, 둘 다 AURION이 날 수 있게 해준 소중한 날개였다는 것을 말입니다."

■ 새로운 비전의 선언

마지막 밤, 해변 무대에서 류강준이 마이크를 잡았다.
"오늘 여러분의 숨겨진 재능을 보면서 깨달았습니다. 우리는 단순히 기후 기술만 만드는 회사가 아니라, 다양한 창의성을 가진 사람들이 모인 곳이었네요."

최강혁이 동의했다.
"수연 씨의 음악적 감성, 도진 씨의 창의적 사고, 진호 씨의 문화적 이해력... 이 모든 것이 우리 기술에 녹아들어 있었던 것 같습니다."

류강준이 밤하늘의 별들을 가리키며 이야기를 이어갔다.
"여러분, 정말 고생 많았습니다. 우리가 여기까지 온 것이 정말 기적 같은 일이었습니다."

"케냐 아이들이 보내온 감사 편지, 방글라데시에서 구해진 수많은 생명들... 이런 것들이 우리가 진짜 이루고 싶었던 꿈입니다."

류강준이 잠시 멈춘 후, 힘찬 목소리로 선언했다.

"우리의 2040 비전을 발표합니다."

"'Technology for Every Life on Earth' - 지구 위 모든 생명을 위한 기술입니다."

직원들이 숨을 죽이고 들었다.

"단순히 인간뿐만이 아닌, 동물, 식물, 미생물까지... 지구 위 모든 생명체가 기후 변화로부터 보호받을 수 있는 기술을 만들겠습니다. 이것이 앞으로 10년 동안 AURION이 걸어갈 길입니다."

서유진이 감동받은 듯한 목소리로 말했다.
"정말 멋진 비전입니다. 기술이 단순한 도구가 아니라 생명을 보호하는 따뜻한 손길이 되는 것이네요."

"이제 더 큰 비전을 향해 새로운 항해를 시작할 때입니다. 여러분 모두가 그 항해의 진짜 주인공입니다."

"회사로 돌아가서도 이런 다양성을 더 활용해 봅시다. 기술과 예술, 논리와 감성이 만날 때 진짜 혁신이 일어나는 것 같아요."

"함께 지구의 미래를 만들어 갑시다!"

해변에 울려 퍼지는 박수와 환호성, 그 소리는 새로운 미래를 향한 열정적인 의지의 표현이었다.

그 순간 하늘에서 별똥별이 떨어졌고, 아마 그 순간에는 모두 같은 소원을 빌었을 것이다.

그날 밤 모든 직원이 새로운 시각으로 동료들을 바라보게 되었다. 평소 업무에서만 만나던 사람들이 각자 고유한 세계를 가진 완전한 인간임을 발견한 순간이었다. 그리고 그들 모두가 하나의 아름다운 비전을 향해 함께 걸어갈 동반자임을 깨달은 순간이기도 했다.

실무 가이드 72 고객 니즈 기반 사업 아이템 도출 방법론

고객의 충족되지 않은 욕구(Unmet Needs)를 발굴하고 이를 사업 아이템과 1 : 1 매핑하여 비즈니스 모델을 도출하는 체계적 방법론이다. FGD와 심층 인터뷰로 고객의 숨겨진 니즈를 발견한 후, 표준산업분류 기준으로 정규화하고 인프라·역량·시장성을 기준으로 필터링하여 실현 가능한 핵심 비즈니스 모델 3~5개를 선정한다.

Unmet Needs에서 비즈니스 모델까지, 체계적 접근법

1. Unmet Needs 분석의 중요성

- **기본 개념** : Unmet Needs는 고객이 현재 해결하지 못하고 있는 충족되지 않은 욕구나 불편함을 의미한다. 이를 발견하고 해결하는 것이 혁신적 비즈니스 모델의 출발점이다. 단순히 고객이 "원한다"고 말하는 것이 아니라, 실제 행동과 맥락에서 드러나는 숨겨진 니즈를 찾아야 한다.

- **1 : 1 Mapping 방법론** : 고객의 Needs와 사업 아이템을 1 : 1로 매핑하여 각 니즈에 대응하는 구체적인 서비스나 제품을 도출한다. 이 과정에서 중고

차 시장의 경우 '중고차 매매', '보험', '자동차 정비', '렌터카', '주유소' 등 Car After Market의 전체 밸류체인을 분석한다.

- **S사 사례** : Car After Market Value Chain 전반에 걸쳐 고객의 Needs를 도출하고, 이를 FGD(Focus Group Discussion)를 통해 검증한 후, 1 : 1 사업 아이템 매핑을 진행했다. 그 결과 "Happy Auto Life"라는 Total Service 개념으로 통합하여 고객에게 제공할 수 있는 프레임워크를 구축했다.

*** 사업 아이템 도출 예시**

Car After Market	불만 정도	Unmet Needs	ITEM
중고차 매매	上	차구입/보험/정비/폐차의 일련의 Care Service에 대한 Needs	Car Manager
		한곳에서 차량 및 보험/리스 상품을 비교 후 One Stop 구매 Needs	자동차 복합몰
		중고차 구입 시 브랜드의 인증을 통한 신뢰의 제고	중고차 상사/딜러 인증제
보험	上	차량 구입 시 보험社별 혜택과 비용에 대한 전문가의 상담을 원함	보험 대리점
자동차 정비	中	정비소에서 별도의 기다리는 시간 없이 믿음이 가는 정비 서비스 Needs	중정비 프랜차이즈
			순회 이동 점검 서비스
		중고차는 부용품을 구하기가 어려움	부용품 유통/판매
		정비사의 전문성은 고객의 신뢰를 제고함 (일부의견 : SpeedMate 정비사는 너무 젊고, 불친절하여 신뢰가 안감)	자동차 아카데미
		차량의 이상 유무에 대한 진단 Needs	정기/정밀 검사
렌터카/기타	下	– 렌터카/캠핑카/튜닝에 대한 대여/반납이 불편 – D2D 중고차 시승 Needs	차량 탁송
주유소	下	간편한 생활 편의시설이 주유소에 있었으면 좋겠음	ATM 중개사업
			각종 자판기
		주유소에서 맛집/여행 정보에 대한 Needs	여행(지도/숙식/LC홍보)

2. 사업 아이템 도출 프로세스

1) 각 단계별 세부 활동

- **1단계(고객 Needs 도출)** : FGD를 통한 고객 의견 수렴을 진행한다.
- **2단계(1 : 1 사업 Mapping)** : 고객의 Needs를 1 : 1로 사업 아이템으로 적용한다.
- **3단계(사업 아이템 정규화)** : 표준 산업분류표에 근거한 사업 단위 조정을 실시하고, Car After Market 아이템을 세분화한다.
- **4단계(Biz. Model 도출)** : 인프라 유무, 라이센스, 역량 등을 고려한 Filtering을 거쳐 최종 비즈니스 모델을 그룹핑한다.

2) 최종 산출물

- **Biz. Model Grouping** : 중고차, 정비, 부용품, 보험, 기타로 그룹화
- **기존에 의한 사업 검토 추진순위 도출** : 시장의 수익성, 시장의 성장성, R&C 활용도 등

3. Unmet Needs와 사업의 1 : 1 Mapping 실전

1) Mapping 결과

- Unmet Needs와 사업간 1 : 1 Mapping 결과는 주유소 관련 서비스에 편중되어 있고, 그 외의 Car After Market에 대한 Item이 부족하여 세분화하여 살펴 볼 필요가 있다.

* Mapping 결과표 예시

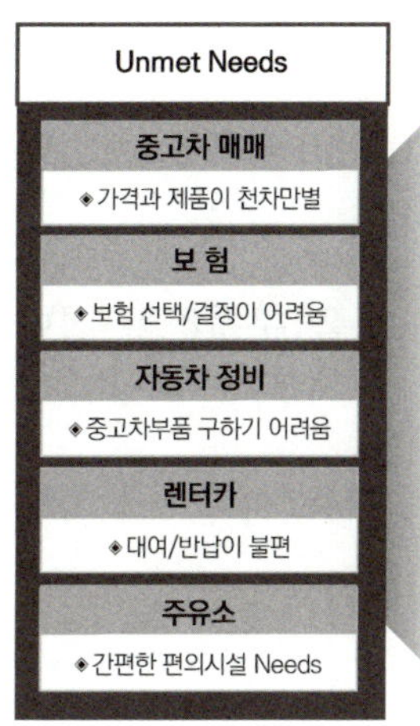

	중고차 매매	보 험	자동차 정비	기타
Car After Market (少)	중고차 직거래 장터	자동차 보험	네비게이션 업데이트	유료 주차장 운영
	복합몰 운영		자동차 악세서리 샵	캐쉬백 게임아이템 판매
			시니어/실버 전문샵	각종 자판기 사업
			정비 교육시설	대출 서비스

	주유소 휴게 사업		생활 도우미 사업	판매 사업	무료 서비스
주유소 관련 사업 (多)	테이크아웃 커피	영화/공연 예매 사업	아침식사 판매	신문, 잡지, 책	전광판 안내
	테이크아웃 샌드위치	휴대폰 사진인화	공과금 납부 대행	유기농 제품	영어 한 단어
	즉석 조리식품 판매	디지털 사진 인화	주변 맛집	복권 판매	명상글
	네일아트/피부관리실	커플 사업	쓰레기통 청소	홈쇼핑 히트 상품	신문 가독대
	코인 안마시설	스티커사진/ATM기	은행 CD기 설치	(옥션, G마켓 등)	비즈니스 센터
	파우더 룸	PC방	장 봐주기 서비스		쓰레기통 청소
	간단한 샤워/세면장	DVD방	세탁소 대행 서비스		주변 맛집 지도
	당구장	주변 맛집 지도	우편 서비스		
	mp3 다운로드	수면실/휴게텔	운동화 빨래방/대행		
	컨텐츠 USB저장	만화방/노래방	택배대행 서비스		
	놀이시설 및 탁아방	DVD/책 대여			

4. 정규화 작업을 통한 사업 아이템 세분화

1) 정규화 작업의 목적

- 1 : 1 Mapping 결과에서 주요 이외의 Car After Market을 세부적으로 분해하여 다음과 같은 Item을 도출한다.

* Cycle별 사업 분류 예시

Cycle	1Depth	2Depth	Biz. Unit
1. 구입	신차	신차 판매	총괄독립법인 대리점
			신차비교견적 쇼핑몰
			자동차할부금융(대부)
		수입차 판매	외산차 수입 판매장 운영
			외산차 부품수입 유통
	중고차	중고차 유통	중고차쇼핑몰
			매매상사 프랜차이즈
			인증 Dealer Membership
			중고차 경매장
			중고차 리스(재리스)
			중고차 수출입
			잔존/리스물 매입/수리/판매
		품질보증보험	차량진단품질 보증서 발급
			엔진/미션 보증 증권 발행
		탁송 서비스	D2D시승 및 배달 서비스
	임대	렌터카 판매	사업자 장기 렌트
		경정비 서비스	순회 이동점검서비스
		오토리스 판매	신차 리스 Agent
			중고차 재리스 Agent
2. 구입/관리	등록	이전 등록	자동차이전 등록대행 서비스
	보험	보험금융	손해보험 원수사
			단종보험 원수사(다이렉트자보)
		보험 대리점	보험대리점(통판/방판/인하우스)
		자동차손해사정	보험사 소액 대물보상 아웃소싱

Cycle	1Depth	2Depth	Biz. Unit
3. 관리	정비	부용품 판매	경정비소모품 쇼핑몰
			경정비소모품 대리점
			도장재료 수입 판매
			인아웃테리어 용품 판매
		자동차 부품 재제조 재생부품 판매	재생부품 공장 직영 운영
			OEM 재생부품 유통
		ERS	고장출동 서비스(견인등)
			사고현장조사 서비스
		경정비 서비스	튜닝전문점
			원형복원 프랜차이즈
			내장인테리어시공 서비스
			경정비 프랜차이즈
		중정비 서비스	중정비 프랜차이즈
			정기/정밀 검사 서비스
		자동차손해사정	B2C 실손 감정서비스
		자동차 HRD	자동차 아카데미
4. 처분	중고차 매각	중고차 처분	중고차쇼핑몰
			중고차 상사
			중고차 딜러
			중고차 경매장
	폐차	폐차사업	폐차장 직영
			폐차장 프랜차이즈
			폐차 대행
			고품 유통 전문몰

5. 실전 적용 전략

1) Step 1 : 타깃 고객의 Unmet Needs 발굴

- **심층 인터뷰**(IDI, In-Depth Interview) : 타깃 고객 20~30명과 1 : 1 인터뷰를 진행하여 불편 사항과 미충족 욕구를 파악한다.
- **FGD**(Focus Group Discussion) : 6~8명의 고객 그룹을 구성하여 집단 토론을 통해 공통된 니즈를 도출한다.
- **관찰 조사**(Observational Research) : 고객이 실제로 제품/서비스를 사용하는 모습을 관찰하여 말로 표현하지 못한 불편함을 발견한다.

2) Step 2 : Needs의 우선순위 결정

- **불만 정도 평가** : 각 Needs에 대해 상(上), 중(中), 하(下)로 불만 강도를 측정한다. S사 사례처럼 '중고차 매매'와 '보험'은 상, '자동차 정비'는 중, '렌터카'와 '주유소'는 하로 분류할 수 있다.
- **시장 규모 추정** : 각 Needs를 해결할 경우 잠재 고객 수와 시장 규모를 산정한다.
- **경쟁 강도 분석** : 해당 Needs를 이미 해결하고 있는 경쟁자가 있는지, 진입 장벽은 어느 정도인지 평가한다.

3) Step 3 : 1 : 1 Mapping으로 사업 아이템 도출

- 각 Needs에 대응하는 구체적인 제품/서비스 아이템을 브레인스토밍한다.
- **예시** : "중고차 구입 시 브랜드 인증을 통한 신뢰 제고" Needs → "중고차 상사/딜러 인증제" 아이템
- 하나의 Needs에 여러 아이템이 나올 수 있고, 여러 Needs를 하나의 통합 아이템으로 해결할 수도 있다.

4) Step 4 : 정규화 및 Filtering

- 표준산업분류 기준으로 사업 아이템을 정규화하여 중복을 제거하고 체계화한다.
- 인프라, 라이센스, 역량, 자본 등을 고려하여 실현 가능한 아이템만 선별한다.
- 최종적으로 3~5개의 핵심 비즈니스 모델로 그룹핑한다.

6. 비즈니스 모델 검증 및 실행

1) MVP(Minimum Viable Product) 개발

- 도출된 사업 아이템 중 가장 핵심적인 기능만으로 최소 제품을 만든다.
- 예시 : "Car Manager" 아이템의 경우, 전체 기능을 개발하기 전에 중고차 매물 비교 기능만 있는 웹사이트를 먼저 출시한다.
- 빠르게 시장에 출시하여 실제 고객 반응을 측정한다.

2) 핵심 지표 측정

- **고객 획득 비용(CAC, Customer Acquisition Cost)** : 한 명의 고객을 유치하는 데 드는 평균 비용
- **고객 생애 가치(LTV, Lifetime Value)** : 한 명의 고객이 평생 동안 가져다주는 총수익
- **전환율(Conversion Rate)** : 방문자 중 실제 구매/가입으로 이어지는 비율
- **리텐션율(Retention Rate)** : 재방문 또는 재구매 고객 비율
- **목표** : LTV/CAC 비율 3 : 1 이상, 리텐션율 20~30% 이상

3) Pivot 또는 Persevere 결정

- 데이터 분석 결과 가설이 틀렸다면 과감히 방향을 전환(Pivot)한다.
- 예시 : S사가 만약 "주유소 편의시설" 아이템에서 고객 반응이 저조했다면, "자동차 정비" 쪽으로 리소스를 재배치할 수 있다.

- 가설이 검증되면 해당 방향으로 지속 투자(Persevere)한다.

7. 주의 사항

1) Unmet Needs 발굴 시

- 고객이 말하는 것(Stated Needs)과 실제로 필요한 것(Real Needs)을 구분한다. "더 빠른 말이 필요하다"는 말 뒤에 "빠른 이동수단이 필요하다"는 진짜 니즈가 숨어있다.
- 극단 사용자(Extreme Users)를 인터뷰한다. 가장 열성적인 사용자나 전혀 사용하지 않는 사람들에게서 통찰을 얻을 수 있다.
- 현재 시장이 아닌 미래 트렌드를 고려한다. 전기차, 자율주행 등 기술 변화가 Car After Market에 미칠 영향을 예측한다.

2) 1 : 1 Mapping 시

- 모든 Needs에 대응할 필요는 없다. 핵심 2~3개 Needs에 집중하는 것이 자원 제약이 있는 기업에게 유리하다.
- 기존 사업자가 간과하고 있는 틈새(Niche)를 노린다. S사 사례에서 "중고차 상사/딜러 인증제"는 기존 중고차 시장의 신뢰 문제를 해결하는 차별화 포인트이다.
- 사업 아이템 간 시너지를 고려한다. "Car Manager"와 "자동차 복합몰"을 결합하면 원스톱 서비스 제공이 가능하다.

3) 정규화 및 Filtering 시

- 법적 규제를 반드시 확인한다. 보험대리점, 폐차장 등은 라이센스가 필요하므로 진입장벽이 높다.
- 파트너십 가능성을 탐색한다. 모든 것을 직접 할 수 없다면, 기존 사업자와 제휴하여 빠르게 시장에 진입한다.

- 단계적 확장 계획을 수립한다. 처음부터 전체 밸류체인을 커버하려 하지 말고, 한 영역에서 성공한 후 인접 영역으로 확장한다.

조언

Unmet Needs 기반 접근법은 이 문제를 원천적으로 해결한다. 고객이 실제로 겪고 있는 불편함에서 출발하기 때문에 시장 수요가 검증된 상태에서 사업을 시작할 수 있다. S사의 사례처럼 체계적인 프로세스(Needs 도출 → 1 : 1 Mapping → 정규화 → Filtering)를 따르면, 감에 의존하지 않고 데이터 기반으로 사업 아이템을 선정할 수 있다. 핵심은 고객과의 지속적인 대화를 통해 Needs를 깊이 이해하고, 빠른 실행과 검증을 반복하는 것이다. 완벽한 계획보다 빠른 학습이 성공의 열쇠다.

실무 가이드 73 Value Chain 분석을 통한 아이템 도출

비즈니스 아이디어는 고객에게 진짜 가치를 제공할 때 성공한다. 막연한 직관이나 희망이 아닌, 체계적인 가치사슬 분석을 통해 사업 기회를 발견하고 경쟁우위를 확보하는 것이 핵심이다. Value Chain 분석은 산업의 전체 흐름을 파악하고, 그 속에서 진입할 영역과 차별화 포인트를 찾는 전략적 도구다.

가치사슬 분석을 통한 사업 기회 발견 프로세스

1. Value Chain의 이해

- **개념** : 가치사슬은 마이클 포터가 1985년 제시한 개념으로, 기업이 제품이나 서비스를 생산해 고객에게 전달하는 전 과정에서 부가가치를 창출하는 활동을 체계적으로 분석하는 도구다. 각 단계가 사슬처럼 연결되어 최종 고객 가치를 만들어 낸다.
- **구조** : 주 활동(생산, 판매, 물류, 마케팅, 서비스)과 지원활동(기술개발, 인프라, 조달, 인사 관리)으로 구성된다. 각 활동에서 발생하는 비용과 창출되는 가치를 분석해 경쟁우위의 원천을 찾는다.

* Car Value Chain

Car Life Value Chain 관점의 조명

1. Car Life 가치사슬 관점에서 신규 사업의 기회를 도출하고 아이디어를 전개
2. 가치사슬 상에서 할부금융, 보험, 리스, 렌트를 「금융」 카테고리로 통합하고 주유, 정비, 세차, 차량관리를 「차량 유지관리」 카테고리로 통합
   → 산업 관점의 Value Chain과 고객 관점의 Value Chain을 통합
3. Car Life 각 단계별로 도출 가능한 사업 Idea를 신규사업, 기존 사업에 추가할 사업, 기존사업으로 분류
   → 현재 진행되고 있는 사업분야와의 연관성을 분석에 반영

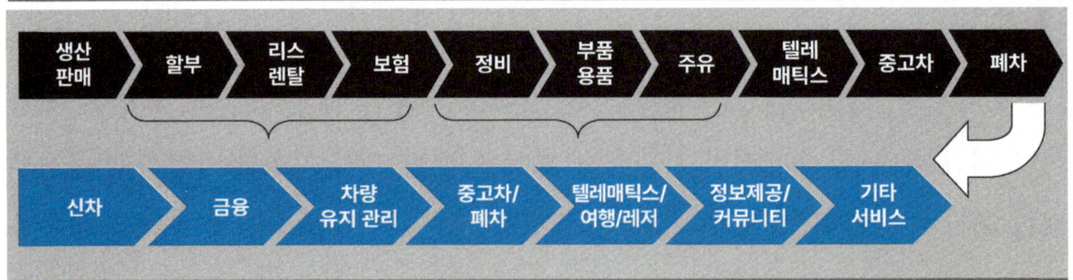

2. 체계적 분석 방법론

- **1단계**
  - **산업 Value Chain 파악** : 진입하려는 산업의 전체 가치사슬을 그린다. 원

재료 조달부터 최종 소비자까지, 그리고 애프터서비스까지 모든 단계를 가시화한다.

- **2단계**
  - **각 단계별 주요 활동 세분화** : 산업 가치사슬의 각 단계에서 어떤 활동이 일어나는지 구체적으로 나열한다. 예를 들어 자동차 생산 단계에서는 부품 조달, 조립, 품질관리, 재고관리 등이 포함된다.

- **3단계**
  - **가치와 비용 분석** : 각 활동이 고객에게 제공하는 가치는 무엇이며, 발생 비용은 얼마인지 평가한다. 비용 리더십(저비용으로 경쟁우위 확보)과 차별화(독특한 가치로 프리미엄 확보) 전략 중 어느 방향으로 갈지 판단한다.

- **4단계**
  - **GAP 및 기회 발견** : 현재 산업에서 해결되지 않은 고객 문제, 비효율적인 프로세스, 기술 발전으로 개선 가능한 영역을 찾는다. 이것이 신규사업 아이템의 출발점이다.

3. 아이템 Filtering 기준

스타트업은 모든 가치사슬을 다 소화할 수 없다. 제한된 자원으로 핵심역량을 발휘할 수 있는 영역에 집중해야 한다.

1) 개발검증 질문

- 현재 사업과의 연관성이 협력적으로 연결되는가?
- 신규사업 추진을 위해 요구되는 핵심역량의 GAP이 크지 않은가?
- 환경적 제약으로 당장 추진하기 어려운 것은 아닌가?
- 직접 실행하거나 적절한 제휴 모델을 찾기 어려운가?
- SKN에서 이미 실행하고 있는 사업 또는 새롭게 핵심적인 BIZ 모델을 찾아내기 어려운가?

- 명확한 수익모델의 개발이 어려운가?

- 사업규모가 작아서 대기업 비즈니스로 적합하지 않는가?

- 사회적 비난에 직면할 가능성이 있는가?

*** Filtering 표 예시**

Filtering 결과 탈락 아이템	
사업 아이템	탈 락 사 유
모터쇼	• 수익모델 불명확
자동차 담보대출	• 사회적 비난에 직면할 가능성
여성운전자 멤버쉽	• Car Manager와 통합
스팀/출장 세차	• 대기업 비즈니스로 적합하지 않음 • 법률적 규제(환경)
주유소/주차장 자동결제	• 수익모델 불명확
중고차 인증/보증	• Speed Mate 중고차 사업 진행 방향 지켜보면서 추후 재검토
텔레매틱스 관련 사업 Item	• 수익모델 불명확 추후 재검토 후 별도보고 예정(2주 이내)
신차/중고차 가격정보	• 수익모델 불명확
차량 구입 가이드/매뉴얼	• 수익모델 불명확
운전면허/정비 e-Learning	• 사업성 없음
정비 내역/주유정보 조회	• 사업성 없음
차계부	• 수익모델 불명확

2) 선정기준

- CB Insights 조사에 따르면 스타트업 실패 1위 원인은 '시장 수요 부재'다. 고객이 진짜 원하는 문제인지, 지불 의향이 있는지, 비용 효율적으로 고객에게 도달 가능 한지를 먼저 검증한다.

4. 실무 적용 전략

1) 전략적 표지셔닝

- 모든 가치사슬을 다 해결할 수 없다. 기획, 디자인, 제조, 운영, 세일즈, 마케팅 중 어느 영역에서 경쟁우위를 가질지 결정한다. 리소스가 부족한 스타트업은 오픈소스, 아웃소싱, 파트너십을 활용해 비핵심 영역을 보완한다.

2) 린 스타트업 방식 결합

- 가치사슬 분석으로 기회를 찾았다면, MVP(최소기능제품)를 만들어 Build-Measure-Learn 사이클로 빠르게 검증한다. 완벽한 제품보다 시장 반응 확인이 우선이다.

3) 비즈니스 모델 캔버스 활용

가치제안, 고객세그먼트, 수익모델, 핵심자원, 핵심활동, 파트너십 등 9가지 요소를 한 장으로 정리해 사업 전체를 구조화한다. 이를 통해 각 부분이 유기적으로 연결되는지 점검한다.

5. 실행 시 주의사항

- **고객 중심 사고** : 기술이나 제품이 아닌, 고객이 겪는 진짜 문제에서 시작한다. "이 기술이 멋지다"가 아니라 "고객이 이 문제로 고통받고 있다"에서 출발해야 한다.
- **지속적 검증** : 한 번의 분석으로 끝나지 않는다. 시장 환경, 기술 변화, 경쟁사 움직임에 따라 가치사슬은 계속 변한다. 정기적으로 재분석하고 전략을 조정한다.
- **핵심역량 집중** : 가치 있는 프로세스는 강화하고, 불필요한 프로세스는 축소하거나 외부에 위탁한다. 차별화 포인트에 자원을 집중해야 성공 확률이 높아진다.

6. 사례 : 모빌리티 산업

자동차 산업의 가치사슬을 분석하면 ① 신차 판매(딜러, 중개사), ② 금융(리스, 할부), ③ 보험, ④ 정비/부품, ⑤ 주유/충전, ⑥ 중고차/대체, ⑦ 커뮤니티 등 단계로 나눌 수 있다.

최근 전기차 전환, 공유경제, MaaS(Mobility as a Service) 트렌드는 기존 가치사슬에 큰 변화를 일으킨다. 예를 들어 '차량 소유권 관리', '중고차 담보 대출', '온라인 면허 갱신', '커뮤니티 기반 정비소 추천' 등은 기존 산업의 비효율을 해결하는 신규 아이템이 될 수 있다.

* Car Value Chain

Car Life Value Chain	신차	금융	차량 유지 관리	중고차/폐차	텔레매틱스/여행/레저	정보제공/커뮤니티	기타 서비스
신규 사업	·Car Manager ·물류(탁송) ·모터쇼	·보험판매 전문회사 ·자동차담보 대출 ·자동차 손해사정업 ·자동차 리스 Agent	·정기/정밀검사 ·정비 아카데미 ·여성운전자 멤버십 ·스팀 세차 ·출장 세차 ·순회/이동 점검/정비 ·주유소/주차장 자동결제 ·폐차장 제휴 및 부품 유통 ·도장재료 수입/유통 ·견인전문 법인 ·고급부품 판매 ·DIY 서비스 센터 (자가정비)	·자동차 복합물 ·중고차 경매장 ·잔존/리스물 매입/수리판매 ·수입 중고차 판매 ·국산 수입 중고차 판매 ·중고차 수출	·콜센터 아웃소싱 ·MCP ·ITS 관련 서비스 ·교통정보 ·TPMS ·CVO(물류, 택배, 택시) ·CRM ·M-Commerce ·DMB / VOD / AOD ·블랙박스	·차량 매뉴얼	·운전면허 e-Learning ·자동차 매거진 ·정비 e-Learning ·리조트 개발(해외) ·자동차 박람회 (auto fair)
기존사업 + 추가사업			·D2D maintenance 서비스 ·중정비 네트워크 ·용품 PB 브랜드 런칭 ·재제조 부품 생산/유통	·중고차 이력 조회 ·중고차 인증 ·보증 서비스	·정보서비스 (교통, POI) ·다운로드 서비스 ·커뮤니케이션 서비스 ·원격진단	·신차 가격정보 ·중고차 가격정보 ·차량구입가이드	·정비 내역/주유 정보 조회 ·차계부
기존 사업	·수입차 딜러 ·국산 신차 판매 중계알선 ·신차 구입 사은품	·중고차 할부 제휴 ·신차 리스 중계 알선 ·중고차 리스 ·자동차 보험 중계 알선 ·렌트	·SK 주유소/충전소 ·긴급출동서비스 (ERS) ·용품, 부품 판매 ·경정비 ·멤버쉽 서비스 ·정비 상품권 ·수입차 부용품 수입/유통	·중고차 매매 ·폐차대행 서비스	·캠핑카 렌트 ·단말기 판매 (OEM)	·레이싱 모델 ·운전면허시험 정보 ·맛집, 숙소, 여행지 정보 ·중고차 매매 시 유의사항 ·정비 정보 ·유류 절약 정보	

가치사슬 분석은 산업을 이해하고 사업 기회를 찾는 출발점이다. 하지만 분석만으로는 부족하다. 실제 고객을 만나 문제를 검증하고, 빠르게 프로토타입을 만들어 시장 반응을 확인하는 실행력이 성공을 결정한다. 경쟁우위는 비용 우위나 차별화를 통해 확보되며, 이를 지속 가능하게 만드는 것이 핵심이다.

류강준은 푸켓에서 찍은 단체 사진을 책상에서 조용히 바라보고 있었다.

어느덧 50대 후반이 된 그의 얼굴에는 세월의 흔적이 고스란히 새겨져 있었다. 창업 초기의 앳된 모습은 사라지고, 관자놀이와 이마 주변에 은발들로 가득 찼다. 눈가에는 세월이 새긴 주름이 깊어졌지만, 그의 눈빛만은 여전히 선명했다. 18년 간의 모든 고난과 성취를 견뎌낸 창업자의 깊이 있는 시선이었다. 한때 야윈 몸매였던 그는 이제 어깨가 넓어지고 살이 붙어 든든한 모습이었다. 입가에는 경험에서 우러나는 여유로운 미소가 스며들어 있었다.

모든 직원들이 해변에서 환하게 웃고 있는 모습, 그 얼굴들 하나하나가 AURION의 진짜 자산이었다. 서유진이 바다에서 물장구치며 웃고 있는 모습, 최강혁이 비치발리볼을 놓치며 크게 웃는 장면, 이아름이 태국 셰프와 함께 요리하는 모습까지 모든 순간이 소중했다.

사진 옆에는 미처 확인을 못한 메시지들이 쌓여 있었다. 직원들의 가족들이 보낸 감사 인사, 언론사의 인터뷰 요청, 그리고...

갑자기 스마트폰에 새로운 메시지가 도착했다. 케냐의 청년 엔지니어 조셉에게서 온 것이었다.

"AURION 가족 여러분, 우리 마을에 새로운 홍수 조기 경보 시설이 완성됐습니다! 강수량과 수위를 실시간으로 모니터링해서 홍수 발생 24시간 전에 미리 경보를 받을 수 있게 됐습니다. 지난달 큰 비가 왔을 때도 미리 대피해서 마을 주민 3,000명이 모두 안전했습니다. 여러분이 만든 기술로 우리 아이들을 지킬 수 있게 됐어요. 정말 감사합니다!"

그 뒤로 케냐 마을 아이들이 손을 흔들며 웃고 있는 동영상이 첨부되어 있었다.

류강준이 조용히 미소 지었다.

이내 또 다른 메시지가 도착했다. 이번엔 방글라데시의 마을 이장에게서였다.
"AURION 덕분에 우리 마을에 사이클론 조기 경보 시스템이 설치됐습니다. 풍속과 기압 변화를 실시간으로 감지해서 사이클론 상륙 48시간 전에 정확한 경보를 받을 수 있게 됐어요. 올해만 해도 3번의 큰 사이클론을 미리 예측해서 5만 명이 안전하게 대피할 수 있었습니다. 여러분은 정말 우리의 수호천사입니다."

그 순간, 류강준의 가슴 깊은 곳에서 무언가가 터져 나오는 듯했다. 18년 전 수없이 많은 밤을 새웠던 모습, 투자자들 앞에서 떨렸던 손, 직원들 월급을 맞추기 위해 개인 통장을 비웠던 그 절망적인 순간들이 주마등처럼 눈앞에 지나갔다.

"왜 하필 기후 예측이냐"고 묻던 사람들, "너무 이상적이다"며 고개를 저었던 투자자들, "실패할 확률이 높다"고 경고했던 주변 사람들의 모든 말들이 떠올랐다.
하지만 지금, 케냐의 아이들이 웃고 있고, 방글라데시에서 5만 명이 안전하게 대피할 수 있었다.

류강준은 천천히 책상 서랍에서 가장 소중한 것을 꺼내 들었다. 바로, 미숙했던 첫 번째 사업계획서였다. 누렇게 바랜 종이 위의 글씨가 눈에 들어왔다.

"목표 : 혁신적인 AI 기술로 기후 예측의 정확도를 높여 재난 피해를 최소화하고, 궁극적으로는 모든 사람이 안전한 세상을 만든다."

그때는 꿈이었다. 불가능해 보이는, 너무나 거창한 꿈이었다. 하지만 지금, 그 꿈이 아프리카 아이들의 웃음소리가 되고, 수만 명의 인명 피해를 막는 현실화가 되었다.

류강준의 눈가에 뜨거운 눈물이 흘렀다. 지난 18년간의 모든 고통과 절망, 외로움과 두려움이 함께 쏟아져 나오는 눈물이었다.

"이렇게... 이렇게 될 줄 알았다면... 그 모든 밤들이, 그 모든 좌절들이... 다 의미 있는 일이었구나."

휴대폰에 또 다른 메시지가 도착했다. 이번엔 서유진에게서였다.
"대표님, 푸켓에서의 워케이션은 정말 행복했습니다. 우리가 함께 꿈꾸던 그 미래가 현실이 되었네요. 불가능을 다시 가능하게 만들어 봅시다!"

이것은 성공의 눈물이 아니었다. 이것은 한 사람의 꿈이 수만 명의 생명을 구했다는 경이로움의 눈물이자, 혼자였다면 절대 불가능했을 일을 함께해 준 동료들에 대한 감사의 눈물이었다.

케냐의 아이들은 여전히 웃고 있었고, 방글라데시의 마을은 여전히 안전했다. 내일 아침이면 아마존의 위기가 기다리고 있었고, 그다음엔 또 다른 도전들이 줄지어 서 있을 것이다.

하지만 류강준은 이제 알고 있었다. 꿈은 혼자 꾸는 것이 아니라 여러 명이 동일한 꿈을 꾸고 이루고자 노력할 때 이루어진다는 것을 깨달았다.

혼자서는 불가능하지만, 여러 명이 함께할 때는 가능으로 바뀐다는 것을 알게 되었다.

그리고 진정한 성공이라는 것은 단순한 매출과 같은 숫자라기 보다는 구해진 생명의 수와 같이 좀 더 의미 있는 숫자를 의미한다는 것을 알게 되었다.

그는 푸켓 단체사진을 다시 바라보며 눈물을 조용히 닦았다. 그 사진 속 모든 사람이 내일이면 다시 각자의 자리에서 맡은 일을 계속할 것이었다.

그는 새로운 메모를 적어 내려갔다.

"2040 AURION 미션 : Technology for Every Life on Earth - 지구 위 모든 생명을 위한 기술로 안전하고 지속가능한 세상을 만든다."

〈 2040 AURION 목표 〉

- 글로벌 기후 재난 조기 경보 커버리지 50개국 달성
- 연간 100만 명 이상의 생명 보호
- CCUS 기술 상용화를 통한 연간 1,000만 톤 이산화탄소 저감
- 매출 5조 원, 영업이익률 25% 달성

평온한 서울의 밤이 깊어지고 있었다. 이 평온함이 유지되기 위해 어디선가 AURION의 센서들이 묵묵히 작동하고 있을 것이다. 류강준은 마침내 평온한 미소를 지었고, 안전한 세상을 만들어 낸 창업자의 진짜 보상을 만끽했다.

상장예비심사 관련 참고 자료 목록

구분		징구자료	비고
매출 관련 사항	매출처별 확인	• 매출처 현황표 • 매출처별 세금계산서 • 거래처별 원장 • 검수확인증 등 매출 증빙 자료	
	매출처 편중 시 매출처의 재무적 안정성	• 매출처 재무제표	
	매출의 계절적 요인 분석	• 최근 3년간 월별 매출 현황표	
	수출 비중 과다	• 수출면장 및 통장 사본(외화)	
	추정 매출의 합리적 근거	• 계약서 및 P/O	
	분기별 매출 확인	• VAT신고서 • 계약서, 세금계산서, 매출원장	
	수익인식 기준의 적정성	• 예정원가 및 발생원가 자료	진행기준인 경우
	매출채권 회수	• 매출채권 원장 • 매출채권 연령 분석표 • 계약서 • 월별 회수 현황 • 예금통장 사본 • 받을어음기입장 • 어음할인계산서 • 거래은행 확인서 • 거래처별 회수지연 사유 및 회수계획	만기어음의 부도 시 채권회수 지연 시
	매출의 수익성 확보 (경쟁업체와의 차별성)	• 경쟁업체 재무제표 • Target Market 관련 자료 • 기술력 및 마케팅 능력 검증 자료 • 주요 인력 구성 현황	경쟁업체 포함
매입 관련 사항	매입처 비중 과다	• 매입처 재무제표	
	매입의 안정성	• 계약서	
	매입채무	• 매입처 원장 • 매입채무 변제 지연 사유	
	외주생산 비중 과다	• 외주업체 현황 및 재무제표 • 외주업체 다변화 방안	특정 외주업체 의존 과다

구분		징구자료	비고
재고 자산 관련 사항	재고자산 비중 과다	• 재고자산수불부	총자산의 30% 이상
	부실재고자산 보유 여부	• 재고자산수불부 • 진부화재고 목록 • 순실현가능가액 자료 • 재고자산평가손실 계산내역 • 장기재고(부실재고) 소진 현황 및 계획	
관계 회사 관련 사항	관계회사 재무 상황	• 관계회사 재무제표, 결산서	
	관계회사 임원의 의무 보유	• 관계회사 등기부등본	
	관계회사 임원 겸직	• 관계회사 등기부등본	
	매출/매입 비중 과다	• 거래조건 타당성 증징자료	
	관계회사에 대한 담보제공 여부	• 상장신청인 부동산등기부등본	결산기 이후
	관계회사와의 지분관계	• 관계회사 주주명부	
	결산기 이후 자금거래 여부	• 현금출납장 • 예금원장	
재무 활동 관련 사항	현금 및 현금등가물	• 계정명세서 및 계정 사용목적 현황 – CD, CP 포함 • 현금예금의 담보제공, 압류 현황	
	차입금의존도 및 금융비용 부담률이 업계평균보다 불량	• 자금운용계획 및 이사회의사록 • 차입금 상황 및 차환계획 • 차입처별 차입조건 및 계약 연장 가능 증빙 서류	
	주식 관련 사채 발행	• 이사회 의사록, 인수계약서 • 인수회사의 재무제표	
	장·단기 대여금 규모 과다	• 채무자의 재무현황 및 채무자의 임원, 주주구성 • 업무유관 증빙자료 • 대여금 해소계획서 및 확약서	
	담보 여력 확인	• 부동산 등기부등본 • 은행별 여신현황표	
	지급보증	• 지급보증 대상 업체 재무자료 • 업무유관 증빙자료 • 지급보증 해소계획서 및 확약서	

구분		징구자료	비고
재무 활동 관련 사항	가지급금 등 현황	• 과거 5개년 가지급, 가수금, 대여금 원장 – 세무조정계산서, 지급수수료 • 주주·임원·종업원 대여금 규정 • 가계정의 타계정(선급금 등) • 대체 현황 자료	발생빈도, 규무, 적법성 등 계정대체의 적정성
	소급 감사 여부	• 감사인 선임 승인자료 • 감사계약서	주주총회의사록 등
	투자유가증권 평가의 적정성 확인	• 취득원가 확인 자료 • 평가 관련 자료(피투자회사의 재무제표)	투자유가증권 규모 과다 시
	벤처캐피털 지분 참여 시	• 투자계약서 • 중요사항(투자시기, 금액 등) 요약표 • 투자조합원부	신청서상 파악이 곤란할 경우
주식 매매 관련 사항	최대주주 등의 주식매매	• 주식 양수도 계약서 • 통장 사본 • 금융기관 확인서 • 증권거래세 납부영수증 • 명의개서 대행기관이 확인한 주주명부	1년 전, 예비심사 신청일 현재
	우리사주조합에 대한 유상증자	• 증권금융 제출자료(이사회의사록, 계약서, 조합원 지분보유 현황)	
	상환전환우선주 발생	• 우선주 발행 계약서	
	주주 수가 많을 경우	• 특수관계인 명단 확보(공정거래법 시행령 제14조) • 최대주주 등 가계도	
기타 자료	스톡옵션 부여	• 개인별 스톡옵션 부여 명세표 및 계약서 • 스톡옵션 행사가격 산정 평가서	
	유상증자	• 이사회의사록 • 주금납입증명서 • 배정현황	
	연구개발 내용 확인, 자산 인식의 적정성	• 연구개발 관련 계약서 • 통장 사본 • 자산 인식의 적정성 관련 자료	
	회계처리 및 감사보고서 관련 문제점	• 외부감사인 의견서 • 관련기관 확인서	

구분		징구자료	비고
기타 자료	합병 및 영업양·수도	• 주주총회 및 이사회의사록 • 대상회사 감사보고서 및 등기부등본, 계약서 • 임·직원 변동 관련 자료	
	임·직원 변동 관련	• 입사자, 퇴사자 현황표 • 급여대장 및 급여지급 증빙 • 퇴직소득 원천징수영수증	은행 이체자료 등
	상근감사 관련	• 주주총회의사록 • 급여대장 • 감사 관련 운영규정	
	설비자신의 해외 구입 시	• 관세신고서	
	특허권 등 소유 여부	• 지적재산권 사본	
	특허권 관련 소송 여부	• 특허정보 검색 서비스로 특허분쟁 여부 확인	www.kipris.or.kr
	합작회사와의 주주 간 계약 체결 시	• 계약서	주식양도제한 여부 확인
	상장신청인의 중요 계약	• 계약서	
	공모 후 지분율 하락	• 공동목적 보유 확약서	20% 미만 시
	업종 확인	• 부가가치 창출액 확인서 • 통계청 공문	
	최대주주 확인	• 주요주주 등의 지분변동 현황표	관계회사 포함
	가지급금 거래 소송사건 유무 여부 (법률 위반 사항 포함)	• 세무조정계산서 • 가지급금, 가수금 보조부 • 지급수수료 보조부	
	소송 또는 법적문제 발생 시	• 변호사 의견서	
	기타	• 기타 거래소가 필요하다고 인정하는 서류	

* 출처 : KRX 한국거래소, 2025 코스닥 상장심사 이해와 실무

심사 CASE

구분		내 용
형식적 요건	경영성과 및 시장평가	기술성장기업으로 SPAC 소멸합병식을 통한 상장예비심사를 청구하였으며 「중소기업기본법」 제2조에 따른 중소기업에 해당하지 않아 최근 2개 사업 연도의 매출액 증가율 20% 이상 요건을 적용. 그러나 이 매출 증가율을 개별 재무제표가 아니라 연결 재무제표 기준으로 잘못 계산했음. 결국 기술성 장기업 요건을 충족하지 못하게 됐고, 형식적인 심사 요건 미비로 상장예비 심사 청구를 철회함.
질적 심사 요건	매출의 지속성	**(사례1) 주요 매출처의 설비 투자 축소로 인한 매출 급감** - 주요 매출처의 설비 투자 축소로 우리 회사의 매출이 크게 줄어듦. 전방 산업의 설비 투자 규모에 매출이 밀접하게 연관되어 있다 보니, 전반적인 투자 감소가 직접적인 영향을 미침. 상장신청인은 동종 업체의 전반적인 매출 감소 자료를 통해 상장신청인만의 문제가 아님을 소명하는 한편, 향후 전방산업의 설비투자 확대 계획과 매출 다변화 노력을 통해 매출 회복 및 지속 가능성을 소명함. **(사례2) 매출지속 여부 불확실** - 코로나19 검사 키트 관련 매출이 한때 급증했었음. 하지만 엔데믹으로 전환되면서 해당 매출이 급감했음. 한편, 기존 주력 시장인 국내의 경우 시장 규모가 협소한 상황임. 해외 수출 또한 불확실성이 커서, 매출 지속성에 대한 추가적인 검증 기간이 필요함. **(사례3) 주요사업과 무관한 신규 계약 체결** - 상장신청인의 최근 사업연도 매출액이 감소하는 추세였음. 상장 심사 당시에도 월별 매출액이 계속 줄어들고 있는 상황이었음. 이때 새로운 매출처와의 계약 체결 사실을 제시함. 하지만 해당 매출처와의 거래 지속 가능성을 소명하지 못했음. 특히, 이 계약의 실질이 상장신청인의 주요 사업과 거리가 멀어 해당 계약만으로는 매출 지속성을 인정하기 어려울 것으로 판단함.
	시장내 경쟁력	**(사례1) 시장 내 경쟁력 확보 가능 여부 불확실** - 현재 국내 매출 규모가 크지 않은 상황임. 더군다나 앞으로 주요 목표 시장인 북미 시장 관련 인허가를 아직 받지 못함. 해당 시장은 이미 글로벌 대형 업체들이 높은 점유율을 확보하고 있는 상황임. 이런 이유로, 시장 내에서 경쟁력을 확보할 수 있을지에 대한 추가적인 검증 기간이 필요함. **(사례2) 정부의 산업육성 정책** - 정부가 사이버 보안 주권 확보를 위한 정부차원의 사이버 보안 산업 육성 정책을 추진 중인 가운데, 상장신청인은 데이터셋 국산화 사업에서 핵심적인 역할을 수행하였으며, 경쟁력을 갖춘 제품들이 대부분 정부 정책과 부합하고 있어 향후 매출 확대가 기대됨. **(사례3) 후발 주자로서의 기존 시장 진입 가능성** - 상장신청인은 혁신기술기업으로 신규 기술제품을 준비하고 있으며 양산

구분		내 용

<table>
<tr><td rowspan="7">질적
심사
요건</td><td></td><td>직전 단계까지 개발이 진행된 상황에서 상장예비심사를 신청. 한편 상장신청인의 핵심 매출처는 이미 글로벌 경쟁사 여러 업체로부터 동기술제품을 매입하고 있으며 업체 간 원가경쟁이 심한 상황으로 상장신청인의 기술개발 완료 및 양산이 시작된다고 하더라도 후발주자로서 기존 시장에 진입하여 이익을 실현할 수 있는 가능성에 대해 추가적인 검증기간이 필요한 것으로 판단됨.</td></tr>
<tr><td>안정적인
이익창출
능력</td><td>(사례1) 판매단가 인하에도 불구하고 수익성 개선
– 상장신청인은 매출처 납품단가 인하에도 불구하고 원가 절감을 통해 수익성이 지속적으로 개선됐음. 공정 자동화 및 표준화를 통해 원가 절감을 이뤄 납품단가 인하 효과를 상쇄했음. 또한, 2년 전 출시한 신규 제품들의 양산이 안정화되면서 해당 제품들의 매출이 증가하고 원가율은 하락했음.</td></tr>
<tr><td rowspan="3">매출처</td><td>(사례1) 대기업에 대한 높은 매출의존도
– 상장신청인의 대기업 A사에 대한 매출 비중이 90% 이상으로 매우 높은 편임. 하지만 상장신청인의 제품이 A사의 기술 표준으로 채택되어 독점 공급 계약을 체결함. 독자 기술을 보유하고 있어 다른 경쟁업체 대비 판매 단가 인하 압력이 크지 않아 높은 수익성을 시현하는 등 매출 지속성이 인정됐음.</td></tr>
<tr><td>(사례2) 최대 매출처에 대한 매출지속성 우려
– 상장신청인은 다년간의 연구개발을 통해 축적한 뛰어난 제조 노하우를 바탕으로 높은 품질의 제품을 생산하고 있음. 그러나 현재까지 A사를 제외하고는 상장신청인의 제품을 채택한 주요 제조업체가 부재한 상황임. 이 경우 향후 매출 지속성에 대한 높은 불확실성이 존재하여 추가적인 검증 기간이 요구됨.</td></tr>
<tr><td>(사례3) 신규 매출처에 대한 불확실성
상장신청인은 상장 심사 진행 중 해외 소재 신규 고객사를 확보하여 매출 발생을 제시했음. 하지만 해당 매출처의 자산 규모가 상장신청인의 자산 규모보다 영세한 규모였고, 부채 비율이 500%를 상회하는 등 열악한 재무 구조를 보유한 상황이었음. 특히 해당 제품의 매출이 국내 고객사를 대상으로는 지속적으로 감소하고 있다는 점 등을 고려할 때, 이러한 해외 신규 매출처 확보만으로는 기업의 계속성을 담보할 수 없어 추가적인 검증 기간이 필요하다고 판단함.</td></tr>
<tr><td>매출채권</td><td>(사례1) 이해관계자에 대한 매출채권 회수 지연
상장신청인의 매출 비중 30%를 차지하는 주요 거래처가 최대 주주의 친인척이 운영하고 있었음. 이 매출로 인해 발생한 매출채권은 회수가 상당 기간 지연됐음. 반면, 다른 거래처의 매출채권은 대부분 1~2개월 이내에 회수됐음. 타당한 사유 없이 특수 관계자에 대한 매출 채권 회수를 지연하는 것은 편법적인 대여 가능성이 존재하며, 이는 매출 지속성과 경영 투명성 미흡의 소지가 있었음.</td></tr>
</table>

구분		내 용
질적 심사 요건	매출채권	**(사례2) 매출채권 회수지연에 대한 소명 부족** 상장신청인은 주요 매출처에 대한 제품 납품을 통해 매출채권을 설정했음. 하지만 이 채권은 18개월이 지난 시점에도 회수되지 않았고, 이후 전액 충당금으로 설정했음. 상장신청인은 해당 매출채권이 회수되지 않은 이유 및 충당금 설정 시점 등에 대해 합리적으로 소명하지 못했음.
	재고자산	**(사례1) 높은 재고자산 비중** 상장신청인의 재고자산은 매출액의 100%, 총자산의 30% 이상으로 높은 수준이었음. 하지만 재고자산의 대부분인 원재료는 진부화가 없는 고가의 희귀 금속으로, 안정적인 생산을 위해 3개월 이상 재고 보유가 불가피했음. 이 경우 자산 및 매출 규모와 비교할 때 재고 자산 비중이 다소 높은 편이지만, 재고자산 특성 및 생산 공정 특성 등을 감안할 때 영업활동 과정에서 발생하는 정상적인 재고자산으로 판단함. **(사례2) 연령이 오래된 재고자산** 상장신청인의 매출액 대비 재고 자산(대다수가 재공품으로 구성) 비중은 150%를 상회하여 경쟁업체 대비 높은 수준을 보였음. 재공품 중 52%의 연령이 1년을 초과함. 해당 재공품 중 대다수는 수주가 완료됐고, 수주되지 않은 재공품 역시 대부분 주요 매출처 대상으로 선제작된 것이며 매출로 이어질 가능성이 큼. 따라서 관련 재무 사항은 개선될 것으로 판단함.
	재무상태	**(사례1) 영업현금흐름 악화** 상장신청인은 원재료 비용이 제조 원가에서 차지하는 비중(86.4%)이 높아 원재료 구매 자금 수요가 상당 규모였음. 매출채권 회수와 매입 채무 결제 간 시차(평균 35일)로 인해 자금 차입 수요가 발생했음. 원재료 구매 확대로 인한 구매 자금을 차입금 및 매출채권 할인을 통해 조달하는 가운데, 급격한 매출 확대로 인해 회사의 매출채권, 매입채무의 미스매치 기간 및 규모가 확대되며 영업 현금 흐름 및 재무 건전성이 악화됐음. 이에 따라 영업 현금 흐름 및 재무 구조 건전성 개선에 대한 추가 검증이 필요함. **(사례2) 업종 특성에 따른 차입금의 증가** 상장신청인은 제품 제작 기간이 1.5년으로 장기간 소요됐음. 반면 매출채권의 대부분(약 50%)이 납품 후에 회수됐음. 또한 넓은 생산 시설이 필요하여 대규모 시설 자금이 투입되는 등 업종 특성상 부채 비율이 높았음. 최근 시설 확충과 운전자본 확보로 차입금이 크게 증가하여 재무 안정성이 다소 악화됐음. 하지만 영업활동 호조로 차입금과 이자를 충당할 수 있는 이익을 실현하고 있음. 상장 시 전환 상환 우선주 전부를 보통주로 전환할 것을 확약하여 부채 비율과 차입금 의존도가 개선될 전망임. 이에 따라 향후 유동성 위험은 크지 않을 것으로 판단함. **(사례3) 운전자본 확보 및 시설투자에 따른 차입금의 증가** 상장신청인은 운전자본 확보와 시설투자를 위해 차입금이 증가해 왔음. 최근 국제 정세로 인해 수요처에서 요구하는 안전 재고 확보 수준이 증가(1개

구분		내 용
질적 심사 요건	재무상태	월분 → 3개월분)하여 이를 위해 단기차입금 규모가 늘었음. 최근 사업연도 상반기말 보유 재고자산의 90% 이상이 3개월 내 소진됐고, 업종 평균 대비 양호한 이자 보상 배율 등을 고려할 때 차입금으로 인한 유동성 위험은 크지 않을 것으로 판단함. **(사례4) 과도한 매출채권으로 인한 부의 영업활동현금흐름** 상장신청인은 매출액이 증가하는 추세임에도 불구하고 과도한 매출채권 규모로 연말 기준 부의 영업활동현금흐름을 시현함. 심사 기간 중 매출채권이 실시간으로 회수되고 있음이 확인됐음. 상장신청인은 최대 매출처를 대상으로 전자 배서가 가능한 전자 어음 발행을 요청하는 등 유동성 구조 개선을 위한 조치를 마련함.
	우발채무 등	**(사례1) 주된 사업 관련 소송 제기** 상장예비심사 중 주력 제품의 공동 저작권자로부터 저작권 침해 금지 및 공동 사업 계약 해지 등을 요구하는 소송이 제기됨. 소송에 패소하여 사업 권한 조정 및 부당 이득 반환 등이 발생할 경우, 향후 주된 사업에 영향을 미칠 가능성이 있었음. 소송 상대방의 악의적인 남소 여부를 판단하기 위해서는 소송에 대한 1심 판결까지는 확인할 필요성이 인정됨. **(사례2) 특허 관련 소송** 상장신청인의 경쟁 회사가 상장신청인의 주력 제품에 대한 특허·디자인 등록 무효 및 손해 배상 신청 등 4건의 소송을 제기하여 진행 중임. 이 중 1건을 제외하고 1~2심에서 승소한 상태임. 상장신청인이 패소하는 경우 기존 상장신청인의 독점 생산 체제가 자유 경쟁 체제로 전환되지만, 상장신청인은 이미 제품 품질, 브랜드 경쟁력, 개발 인력, 자금력 등에서 경쟁사 대비 우위를 갖고 있기 때문에 영업에 미치는 영향은 미미할 것으로 판단됐음. 손해 배상 신청 소송에 대해서는 위험 분리 방안(손해액 대표이사가 부담)을 제출함. **(사례3) 종속회사 주식 관련 소송** 상장신청인이 최근 인수한 종속회사의 지분 49%에 대하여 주주 지위 확인 및 명의개서 이행 신청 소송이 진행 중임. 패소 시 종속회사 지분 49%가 적대적 2대 주주에게 이전될 위험이 있었음. 해당 종속회사가 상장신청인 제품의 연구·개발·제조 등 중요한 역할을 하고 있어 매출 지속성 검토를 위해 해당 소송의 결과 확인이 필요함.
	업종별 고려사항 (바이오)	**(사례1) 충분한 성장잠재력 보유** 상장신청인은 의약·화학 기술을 활용하여 합성 신약 후보 물질 발굴을 통한 기술이전 등을 목표로 하는 바이오 기업임. 전문 평가 기관의 기술 평가에서 높은 수준의 기술력을 가진 기업으로 인정받음. 현재 신약 개발 초기 단계로 상용화 여부가 불확실하고 수익 구조가 불안정하지만, 국내·외 제약사에 기술 이전 및 공동 연구 계약 실적 등을 보유하고 있었음. 연구진의 신약 개발 관련 경험이 풍부하고 동 업계 대비 기술 전문 연구 인력 보유 수준이 높아 향후 성장 잠재력이 충분할 것으로 판단함.

구분		내 용
질적 심사 요건	업종별 고려사항 (바이오)	**(사례2) 충분한 성장잠재력 보유** 상장신청인은 유전체 분석을 기반으로 개인 유전체 분석 서비스 및 개인 식별용 칩 사업 상용화를 위한 연구·개발 전문 회사임. 전문 평가 기관에서 높은 수준의 기술력을 가진 기업으로 인정받았음. 유전체 분석 사업은 매년 이익 규모가 증가하는 등 캐시카우 역할을 수행하고 있음. 상용화 기술인 개인 식별용 칩 사업은 전 세계적으로 초기 시장 형성 단계에 진입하고 있어 성숙 단계까지는 장기간 시간이 소요될 것으로 예상되지만, 높은 시장성과 성장성이 예상됨.
		(사례3) 예상 시장 규모가 협소해 향후 수익 창출이 불확실한 경우 상장신청인은 전문 평가 기관의 기술평가 결과 높은 수준의 기술력을 가진 기업으로 인정받음. 하지만 주력 파이프라인의 시장 규모가 협소하여 향후 수익 창출 가능 여부가 불확실함.
		(사례4) 신약 물질의 유효성 입증 실패 후 후속 임상 진행 상장신청인은 신약 개발업을 영위하는 회사로서 주요 파이프라인은 임상 시험 2상·3상을 진행 중임. 각 파이프라인의 직전 임상 시험에서 임상 시험 계획서에 따른 통계적 유효성 확인에 실패했음. 하지만 상장신청인이 자체 재분석을 통해 약물의 유효성을 주장하며 후속 임상에 진입함. 상장신청인의 파이프라인에 대한 기술력 및 사업성 심사를 위해서는 후속 임상 시험 결과를 확인할 필요가 있다고 판단함.
		(사례5) 신약물질의 유효성 검증 부족 상장신청인은 세계적으로 성공 사례가 없는 분야의 신약을 개발 중임. 동물 실험만 완료하여 인체에 대한 유효성을 입증할 만한 직접 증거(임상 자료 등)를 확보하지 못함.
		(사례6) 이중맹검 방식 임상 파이프라인에 대한 기술성 평가 상장신청인은 치료제의 유효성 검증을 위하여 이중맹검 방식의 임상 2a상을 진행 중인 가운데 상장 예비심사를 신청함. 상장신청인은 투약 완료된 피보험자들의 데이터 중간 분석 결과를 제시했지만, 이중맹검이 해제되지 않은 상태에서 임상 유효성 지표의 변화가 상장신청인 치료제의 효과인지 위약의 효과인지 알 수 없어 유효성 판단에 한계가 존재했음. 상장신청인은 상장예비심사 도중 아직 종료되지 않은 임상에 대한 이중맹검을 중도 해제하여 분석 결과를 제시함. 이로 인해 임상은 종료됐으며, 임상 프로토콜을 위반하여 도출된 데이터의 활용 가능 여부 역시 불확실해짐에 따라 상장신청인의 기술성 평가는 불가능해짐.
	업종별 고려사항 (온라인· 모바일 게임)	**(사례1) 단일게임 퍼블리싱** 상장신청인은 1개의 게임을 퍼블리싱하고 있으며, 신청 연도 하반기에 6개의 후속 게임을 출시할 계획을 가지고 있었음. 하지만 후속 게임이 흥행에 성공한 기존 게임과 연관성이 없어 흥행 여부가 불확실했음. 후속 게임의 출시 일정도 불투명함. 후속 게임의 성공 가능성에 대한 합리적인 소명이 부족하여 매출 지속성 여부가 불확실해짐.

구분		내 용
질적 심사 요건	업종별 고려사항 (온라인· 모바일 게임)	**(사례2) 모바일 단일게임 매출** 상장신청인은 모바일을 기반으로 캐주얼 게임을 개발 및 공급하는 모바일 전문 게임업체로서 단일 게임이 상장신청인 전체 매출의 99%를 차지함. 상장신청인의 경우 카카오에서 지속적인 업그레이드를 통해 출시 이후 14개월 동안 높은 인지도를 바탕으로 다수의 고객(DAU 200만 명)을 확보했음. 네이버 LINE 및 텐센트 위챗을 통해 해외시장에 진출함으로써 폭넓은 해외 고객을 확보했음. 단일게임 업그레이드, 고객 인지도 확보, 해외 진출 등 전반적인 영업 현황을 고려할 때, 향후 매출 지속성은 유지될 수 있을 것으로 판단함.
	업종별 고려사항 (소프트웨어)	**(사례1) 하드웨어 중심의 매출 증가** 상장신청인은 외부 해킹 등으로부터 서버를 보호하기 위한 보안 솔루션 소프트웨어를 개발·판매하는 업체임. 매출은 자체 제품인 소프트웨어 매출과 이를 설치하기 위한 외부 조달 하드웨어 매출로 구성됨. 하드웨어는 소프트웨어 매출을 위한 결합 상품 형태로 공급되므로 하드웨어 매출 이익률은 극히 미미한 수준임. 매출이 급증했지만, 이는 주력 제품인 소프트웨어보다는 이익률이 낮은 하드웨어가 매출 증가의 대부분을 차지한 데 기인하고 있어 실질적인 기업 성장의 결과를 보기 어려움. 이에 따라 소프트웨어 매출 지속성에 대한 추가 검증 기간이 필요함. **(사례2) 라이선스 수익 지속 가능성** 상장신청인은 소프트웨어를 개발하여 반도체 제조 회사에 라이선스 형태로 공급하고, 해당 라이선스를 이용해 생산된 제품에 대해 로열티를 수취함. 라이선스 매출 후 보통 2~3년 경과 시점부터 로열티 수익이 발생하며, 로열티 수익은 라이선스 건수에 비례하여 증가하는 추세임. 라이선스 수입이 2015년을 정점으로 정체되고 있고 라이선스 건수는 증가하고 있으나 건당 평균 계약 금액이 적은 상황이임. 로열티 수입은 수취 기간이 단기간이고, 수취 금액 규모도 크지 않아 상장신청인의 수익 지속 가능성 검토가 필요함.
	업종별 고려사항 (엔터테인먼트)	**(사례1) 내부통제 흠결 사항이 발생하여 철회한 후 정비하여 재신청** 상장신청인은 음악 기반 엔터테인먼트 업체로서, 주로 신인 가수를 발굴하여 트레이닝한 후, 음반 발매·공연·광고 등 연예 활동 매니지먼트를 수행함. 음원 유통 계약을 체결하면서 유통 권리 가치에 대한 평가가 계약일 이후 사후적으로 이루어졌고, 수익 배분에 대한 부분이 계약서에 명시되지 않았음. 또한 특정 아티스트에 대한 매출의존도가 매우 높은 상태에서 해당 아티스트의 해외 활동 계약 관련 로열티가 미입금되는 등 계약의 실재성에 의문이 제기됨. 이해관계자와의 거래 등과 관련해 내부통제 흠결 사항이 발견되어 보완이 필요함. **(사례2) 특정 아티스트에 대한 높은 의존도** 상장신청인의 매출액 중 특정 아티스트 관련 매출액이 매출 비중의 절반 이상으로 매우 높은 상황임. 올해 매출이 전년 대비 특정 아티스트 관련 매출이 감소하여 상장신청인의 매출 지속성에 대한 추가 검증이 필요함.

구분		내 용
질적 심사 요건	업종별 고려사항 (소재·부품· 장비)_ 기술성장 기업	**(사례1) 원가율 개선을 통한 수익성 제고** 상장신청인은 프로젝트성 매출이 발생하는 구조로, 프로젝트 간 연계성이 있어 수익 구조의 개선 가능성을 확인할 수 있는 사업 구조임. 과거 프로젝트에서 과도한 매출원가율로 매출 총손실이 발생하는 등 부정적인 수익 구조를 보였음. 하지만 심사 당시 진행 중이던 신규 프로젝트 과정에서 상장신청인의 기술력을 바탕으로 매출원가율 개선을 가시적으로 이뤄내는 등 수익성 제고 효과를 달성함.
		(사례2) 핵심기술 적용 제품의 성장성 및 기술의 상용화 경쟁력 상장신청인은 다수의 우량 매출처를 보유하고 있음에도 불구하고 전방산업의 악화로 매출액이 대규모로 감소한 상황에서 상장예비심사를 신청함. 핵심기술 적용 제품의 매출이 지속적인 감소 추세를 보였으며, 특히 목표 시장은 이미 유사한 기술을 보유한 경쟁업체들이 다수 존재하는 등 성숙기에 이른 것으로 보여 기술 성장기업으로서의 성장 가능성에 대한 불확실성이 존재한다고 판단함.
		(사례3) 핵심기술의 시장성 상장신청인은 약 10년 전 최고 매출 달성 후 장기적인 매출 하락 추세를 보이는 상황에서 최근 주요 매출처에 대한 납품 중단 이후 해외 신규 매출처 확보를 모색함. 한편 상장신청인의 핵심기술은 인건비 축소를 위한 기술로 제품 자체의 기술적인 차별성과 무관했음. 목표 시장 역시 제품 요구 사양이 점차 표준화되어 가는 상황으로 성숙기에 이르렀고, 경쟁이 심화되어 가격 인하 압박이 지속됨에 따라 수익 실현 가능성 역시 낮은 것으로 판단함.
질적 심사 요건 (경영의 투명성 및 안정성)	기업지배 구조	**(사례1) 모회사로부터의 사업 독립성** 상장신청인은 모회사로부터 기술이전 계약을 통해 핵심 사업의 소유권, 특허 및 독점 사용권을 이전받았음. 양사는 사업 영역 보장 계약을 통해 서로 상대방의 사업을 영위할 수 없도록 했고, 영위하는 데 필수적인 기술을 독자적으로 연구개발하여 상용화하는 데 성공함. 상장신청인이 모회사로부터 사업적 독립성을 갖추고 사업을 독자적으로 영위하는 데 문제가 없는 것으로 판단함.
		(사례2) 최상위 지배기업으로부터의 경영 독립성 다수의 기업으로 구성된 기업 집단에 속한 상장신청인의 대표이사는 최상위 지배기업의 사내이사직을 겸임함. 이러한 상황에서 상장신청인과 최상위 지배 기업 간 사업과 무관한 자금 거래, 주식 양·수도 거래 등 다수의 이해 상충 건들이 발생하는 모습 등을 통해 상장신청인의 경영 독립성이 부재한 것으로 판단함.
		(사례3) 관계회사로부터의 경영 독립성 미충족 상장신청법인은 최대주주가 소유한 비상장법인 관계회사의 경영 관리 계약을 체결하고 경영 업무를 관계회사에 위탁했음. 상장신청법인의 부사장은 해당 관계회사의 대표이사로 겸직 중이었음. 경영 관리 계약서에 따라, 상장

구분		내 용
질적 심사 요건 (경영의 투명성 및 안정성)	기업지배 구조	신청법인은 관계회사에 연 24억 원을 지급해 왔고, 관계회사는 상장신청법인에 경영 기획, 관리 회계, 구매 관리, 시스템 유지 관리 업무 용역을 제공했으며 사실상 관계회사가 신청 회사의 지주사로서의 역할을 수행함. 해당 사안은 코스닥 시장 공개 법인으로서 반드시 갖춰야 할 기업 지배 구조, 내부통제제도, 공시 체계를 적절히 갖추지 못한 것으로 판단됨. 신청 회사의 경영상 의사결정 장치 등 경영 독립성을 갖추기 위한 보완 조치 요구 중 자진 철회함.
	이사 및 이사회	**(사례1) 가족 위주 지배구조 개선** 실질적인 역할이 없는 최대주주의 배우자가 사내이사로 근무하는 등 상장신청인은 가족 위주의 지배구조로 운영됨. 이를 개선하기 위해 최대주주의 배우자인 사내이사가 사임하고 사외이사 2인을 신규 선임하며 이사회를 개편했음. 감사위원회 및 내부거래위원회, 윤리경영위원회를 설치함. 또한 최대주주 등의 의결권을 3년간 전문경영인인 대표이사에게 위임하고 소유와 경영이 분리된 전문경영인 중심의 경영 체제를 확립할 것을 확약함. **(사례2) 가족 및 친인척 중심으로 운영된 회사에 대한 지배구조 개선** 최대주주 특수관계인 다수가 상장신청인 임·직원으로 근무하는 등 상장신청인은 다수의 가족 및 친인척 중심으로 운영됨. 지배구조 및 내부통제 보완을 위해 동일 직급 대비 과다하게 수령한 급여를 반환했음. 정관 및 규정 개정을 통해 최대주주이자 친인척을 등기 이사로 선임하지 않겠다는 내용을 명문화하고, 향후에도 친인척을 채용하지 않을 것으로 확약함.
	관계회사 임원 겸직	**(사례1) 업무무관 관계회사 대표이사 겸직에 따른 업무 충실성 미흡** 상장신청인은 최대주주를 포함한 친인척 3인이 지분 100%를 보유하고 있는 회사임. 최대주주의 형제는 별도의 부동산 임대업을 영위하며, 특히 대표이사는 개인사업자 3개를 등록하고 월 임대 수익이 상당 금액에 달하는 등 적극적으로 해당 사업을 운영함. 상장신청인의 최대주주 형제가 상대적으로 많은 보수를 지급받으면서도 상장신청인 영위 사업과 무관한 부동산 임대업을 운영하는 등 업무 충실성이 미흡함. **(사례2) 관계회사 임원 겸직에 따른 이해 상충 가능성** 상장신청인의 최대주주 및 대표이사는 유사 업종을 영위하는 여러 관계회사의 임원을 겸직하고 있었음. 업무와 무관하게 관계회사가 분양 중인 상가를 매수하는 등 임원 겸직에 따른 이해 상충 가능성이 해소되지 않음.
	임원 이슈	**(사례1) 최상위 지배주주 불법 행위** 상장신청인의 최상위 지배주주는 관계회사를 통해 회수가 불가능한 대여금 채권을 양수하도록 지시하는 등 혐의에 대해 특검법상 배임으로 유죄(징역 2년, 집행유예 4년) 판결을 받아 상장신청인 대표이사직에서 사임함. 상장신청인 최대주주의 CFO로 재직한 인물을 대표이사로 선임했지만, 심사 과정에서 여전히 최상위 지배주주가 회사를 경영하고 있다는 사실이 확인됨. 상장 이후 경영 독립성 확보를 위해 다음 조치를 확약함 : ① 최대주주의 경

구분		내 용

<table>
<tr><td rowspan="8">질적
심사
요건
(경영의
투명성
및
안정성)</td><td rowspan="8">임원 이슈</td><td>영 독립성 보장 확약, ② 최상위 지배주주의 경영 미복귀 확약, ③ 관계회사와의 거래는 일정 기준 초과하는 거래에 대해 주주총회 결의를 거치도록 정관 개정 확약, ④ 사외이사 3인으로 구성된 내부 거래 위원회를 설치하여 관계회사와의 자금 거래 및 매입·매출 거래에 대한 사전 검토 역할을 수행하도록 조치. 이러한 조치에 대해 상장 후 2년간 매 분기 법무법인을 통한 내부통제 이행 사항 점검 및 공시(검토·사업보고서)하도록 확약함.</td></tr>
<tr><td>(사례2) 특수관계인과의 부적정 토지 거래를 통한 이익 훼손
상장신청인이 공장 증설에 필요한 토지를 매입하는 과정에서 대표이사의 개인 자금 및 명의로 먼저 토지를 취득한 다음 대표이사가 상장신청인에게 해당 토지를 매각하여 시세 차익을 향유하는 등 경영 투명성 미흡 사례가 존재함.</td></tr>
<tr><td>(사례3) 과도한 대표이사 급여 지급을 통한 이익 훼손
상장신청인의 대표이사는 이사회 결정 또는 별도의 내부 기준 없이 스스로에게 수억 원의 특별 상여를 지급했음. 상장 주선인 권유로 임원 상여금 지급 규정을 제정한 이후에도 규정을 미 충족한 특별 상여금을 지급하여 상장신청인의 이익을 훼손함.</td></tr>
<tr><td>(사례4) 등기임원을 피보험자로 하는 개인보험 계약을 통한 이익 훼손
상장신청인이 등기임원이 피보험자 및 보험 수익자로 설정된 종신 상해 보험 상품의 보험 계약자가 되어 월납 보험료를 지급함. 이는 상장신청인의 이익에 반하는 행위로서 중요한 경영 투명성 미흡 사항에 해당됨. 상장신청인은 과거 대납 보험료 전체 금액을 해당 등기임원의 대여금으로 설정하고, 이후 해당 등기임원은 대여금 전액을 상환 완료함. 또한, 해당 보험상품의 보험료 납부자를 해당 임원으로 변경하고, 회사가 지급한 보험료 전액을 환수 처리하여 과거 발생한 내부통제 미흡 사항을 보완함.</td></tr>
<tr><td>(사례5) 이해관계자 거래를 통한 이익 훼손
상장신청인은 상장신청인의 비상근 이사이자 상장신청인이 속한 그룹의 회장에게 수년간에 걸쳐 수억 원의 특별 상여금을 지급함. 또한, 업무와 무관한 미분양 아파트를 여러 채 매입하여 상장예비심사 신청 직전까지 보유하여 회사의 이익을 훼손함.</td></tr>
<tr><td>(사례6) 대표이사(최대주주) 개인 법인과의 불필요한 용역 거래
상장신청인은 대표이사(최대주주)가 개인적으로 보유한 법인과 수년에 걸쳐 다수의 용역 계약(컨설팅 등)을 체결하여 대금을 지급함.</td></tr>
<tr><td>(사례7) 저축 연금성 보험 가입
상장신청인은 약 30억 원의 저축 연금성 보험에 가입한 후 최대주주의 특수관계인을 수익자로 지정함. 보험 가입 관련 특수관계자 간 거래 관련 규정이 부재하여 해당 보험 관련 내부통제 수단이 부족함. 저축성 보험 상품은 모두 해지하여 신청 회사로 환입 조치했으며, 특수관계인과의 거래 규정 개정을 통해 피보험자를 최대주주 등으로 지정하는 저축성 보험 금지 조항을 마련함.</td></tr>
</table>

구분		내 용
질적 심사 요건 (경영의 투명성 및 안정성)	내부 통제제도	**(사례1) 임·직원 횡령** 상장신청인 직원이 약 2개년에 걸쳐 외상매출금 회수대금을 본인 계좌 또는 현금으로 회수하여 횡령하는 사건 발생. 해당 직원의 횡령액에 대해서는 자금대여 약정을 체결하여 대여금 처리 및 연대보증인의 지불각서를 받아 횡령액을 회수함. 상장신청인은 전사원 신원보증보험을 가입하고, 거래처에는 정기적으로 채권채무조회서를 발송하고 법인계좌 입금을 원칙으로 하는 등 내부통제시스템 개선함. **(사례2) 사용 목적인 불명확한 법인카드의 사용** 상장신청인의 특정 법인카드가 백화점, 아울렛, 마트 등 다양한 장소에서 사용되었으나, 카드 사용이 영업 목적인지에 대한 상장신청인 소명이 부족하였음. 기존에 명확한 절차 없이 사용되었던 법인카드 사용을 개선하기 위해 「법인카드 사용규정」을 보완하여 내부통제를 강화함. **(사례3) 무분별한 지급수수료 지급** 상장신청인은 일정한 기준 없이 대표이사 지인에게 경영컨설팅비 명목으로 지급수수료를 지급한 사실이 발견됨. 상장신청인은 수수료 지급규정을 신설하였으며, 수수료 지급대상 전문가의 범위, 금액 지급 한도, 수수료 지급 승인 절차 등의 기준을 상세히 규정으로 명문화. 상장신청인은 마련한 내부규정을 이행하여 지급수수료 지급에 대한 비용 처리 투명성을 강화하기로 하는 확약서를 제출함. **(사례4) 상장신청 전 임원 퇴직금 과다 지급** 상장신청인은 상장신청 연도로부터 2년 전 주주총회에서 이사의 연간 보수 총액을 직전연도 대비 2배로 과도한 상향(당시 상장신청인 영업이익의 131% 규모)임. 실제로 대표이사 급여를 직전 대비 2배로 지급하였으며, 상장신청 직전연도에는 대표이사가 대폭 상승한 급여 수준을 기초로 높은 퇴직금을 중간 정산하여 수령함. 이는 불공정 유형 중 하나로 '경영성과와 무관한 고액급여 지급' 및 '퇴직 직전 대폭 증가한 급여를 바탕으로 한 과다한 퇴직금 수령'을 제시함. 국세청은 불공정 탈세 혐의 세무조사 이슈 발생함. 유사사례 방지를 위하여 임원에 대한 퇴직금, 성과급 등을 정할 때는 반드시 감사의 동의를 필요로 하는 보상위원회 규정을 신설토록 하고 대표이사가 과도하게 수령한 퇴직금은 회사로 환수 조치함. **(사례5) 최대주주 가족 관련 급여성 거래** 상장신청인의 기타투자자산 중 약 35억 원은 보험상품으로 저축연금성 보험의 특약(사망, 상해 등) 수익자는 상장신청인이 아닌 대표이사의 법정상속인으로 되어 있음. 최대주주 겸 대표이사 아들은 상장신청인 입사 후 미국 자회사로 파견되었으며, 입사 시점에 대학 재학 중이었으며, 미국 파견 기간 동안 현지 직원 급여보다 높은 금액을 수령 하였음에도 역할 및 근무기록이 없음. 사내규정 상 6개월 이상 재직시 지급가능한 파견수당을 3개월 재직 후 퇴사한 A에게 지급하였으며, 해외파견 근무 중 사직 시 관련 경비 일체를 변상해야 하나 변상하지 않음.

구분		내 용
질적 심사 요건 (경영의 투명성 및 안정성)	내부 통제제도	**(사례6) 최대주주 소유 개인법인과의 전대차 임대거래** 상장신청인은 최대주주가 100% 설립한 관계회사와 전대차 계약을 체결하여 본점 소재지 사무실로 사용해 왔으며, 동 전대차거래를 통해 관계회사는 월 200~300만 원의 차익을 획득함. 관계회사와의 전대차거래는 이해관계자 거래에 해당하나, 이사회 결의 등 절차를 거치지 않는 등 일부 내부통제가 미흡한 정황을 발견 추후 관계회사의 부의 이전의 통로로 사용될 가능성이 있는 등 경영 투명성을 해칠 우려가 있어 상장신청인은 전대차 계약을 해지하고 본점을 이전하는 한편, A법인을 폐업하겠다는 확약서를 제출함. **(사례7) 대표이사가 보유한 특허를 상장신청인에 유상 이전** 대표이사가 재직 중에 취득한 특허는 상장신청인에게 귀속되어야 하나 대표이사는 이를 개인 소유로 한 후 상장신청인에 유상 이전. 대표이사가 특허매매 대금을 회사에 환입하고, 그 외 대표이사 보유한 특허를 회사 명의로 이전하여 경영 투명성 문제를 해소함. **(사례8) 최대주주 및 대표이사 가지급금** 상장신청인의 최대주주 및 대표이사는 대표 취임 이전부터 이사회 등 절차 없이 회사 자금을 인출하여 사용했음. 가지급금 원금은 신청 전 전부 회수됐으나, 자체 계산한 이자는 미회수 상태였다가 심사 중 회수했음. 또한, 대표이사가 가수금 상환 명목으로 인출한 금액 중 일부가 타인에게 지급된 사실이 확인되는 등 대표이사 가수금 정리 여부가 불분명했음. 특정 법무 법인 등 기타 거래처에게 수시로 계약서 없이 선급금을 지급하고 대손 처리하는 등 전반적인 자금 사용 통제 절차가 미흡했음. 상장 주선인 계약 체결 이후에도 스스로 제정한 내부규정을 미준수하고 편법적인 자금 운용을 지속하여, 상장신청인이 제시한 내부통제 보완 계획의 이행 여부를 확신하기 어려움. **(사례9) 최대주주의 특수관계인 대상 위법 배당** 상장신청인은 6년간 정기 주주총회에서 최대주주, 대주주 등의 배당금 일부를 포기하고 특수관계인(배우자 및 직계비속)에 지정 배당하는 위법 배당을 실시함. 상장신청인은 해당 금액을 전액 회사로 반납하고, 회계 및 내부 감사 강화를 위한 회계 인력의 충원 및 향후 동일한 형태의 배당 방지 확약서를 제출함. 외부 교육 기관을 통해 내부통제, 내부감사, 세무, 회계 등 내부통제 강화 교육 계획을 수립함. **(사례10) 최대주주에 대한 고액 배당 및 자금 대요** 상장신청인의 최대주주이자 1인 주주가 차입금 상환을 위해 주주 배당으로 70억 원을 배당하고, 80억 원을 회사로부터 대여받았음. 배당 가능 이익 한도 내에서 배당하고, 대여 절차가 적법하다고 하더라도, 1인 주주에 대한 고액 배당 및 자금 대여는 내부통제상 문제가 있는 것으로 판단함. **(사례11) 부적절한 주식매수선택권 부여** 상장신청인이 정관에서 정한 부여 한도를 초과하는 수량의 주식매수선택권을 부여한 경우 이는 상법 위반 사항으로, 한도를 초과하여 부여된 주식 매수

구분		내 용
질적 심사 요건 (경영의 투명성 및 안정성)	내부 통제제도	선택권에 대하여 이사회 결의를 거쳐 취소함. 자기주식 양도형 주식 매수 선택권의 경우 상법(제340조의2 제4항 제2호)에 따라 행사가격이 실제 가격보다 높아야 하나 상장신청인이 부여한 일부 회차의 경우 이를 충족하지 않아 해당 주식매수선택권 전량을 향후 조속한 시일 내에 취소함.
		(사례12) 부적절하게 행사된 주식매수선택권 취소 상장신청인 대표이사에게 부여된 주식매수선택권 행사 요건(재임 및 재직 기간)을 위반하여 행사됨. 고의가 아닌 과실에 의한 행사라고 합리적으로 인정됐으며, 대표이사가 해당 주식 전체를 회사에 무상 증여함으로써 주식매수선택권과 관련한 이해관계를 해소한 것으로 판단함.
	이해관계자 거래	**(사례1) 특수관계인 소류 개인법인과의 매출·매입 거래** 상장신청인이 최대주주의 특수관계자가 설립한 관계회사의 대표이사 급여를 부담하는 등 가족기업 형태로 기업을 운영하여 경영 투명성이 미흡함. 상장신청인은 상장을 위해 이해관계자 거래 내부규정 조항을 강화하여 최대주주 특수관계인이 설립한 법인과의 신용 공여·매입 등 모든 거래를 차단했음. 또한 경영 투명성 개선 내용을 증권신고서에 공시함.
		(사례2) 특수관계자 거래를 통한 기업 경영 투명성 훼손 상장신청인의 실질적인 최대주주는 관계회사의 사업 전부를 상장신청인에게 이전함으로써 최대주주 일가에 대한 편법 증여에 이용하여 상당한 지분의 평가 이익 및 매각 차익을 획득했고, 이로 인해 해당 관계회사의 부실화를 초래함. 실질적인 최대주주는 관세 장기 체납, 주식회사의 고의 폐업, 가공 경비 마련으로 인한 법인세 추징 등의 전력이 있었고, 영업 손실이 발생한 관계회사에서 과도한 급여 수령 등으로 기업 경영의 투명성을 확보했다고 판단하기 어려움. 세 차례에 걸쳐 동일 업종을 영위하는 기업의 고의 폐업 및 페이퍼컴퍼니화 등으로 주력 사업을 다른 기업으로 이전함. 향후 영업 실적 부진 등으로 상장신청인의 경영 악화가 발생할 경우 상장신청인의 경영 지속성을 확신하기 어려웠음. 관계회사의 사업 부문 이전 과정 및 실질 최대 주주의 기업 경영 투명성에 대하여 확신하기 어려웠으며, 관계회사 간의 업무 독립성이 미흡함에 따라 내부통제시스템 개선에 대한 검증 기간이 필요하다고 판단함.
		(사례3) 관계회사 부당 지원 상장신청인은 적자 지속으로 자본잠식된 관계회사에 지속적으로 자금을 대여하여 대규모 대손충당금을 설정했고, 이로 인해 손실이 증가하는 등 경영 독립성이 미흡함. 관계회사에 신규 대출 및 기존 연장을 통해 총 56회 110억 원을 대여하고 잔액 106억 원은 회수가 불가능하여 이에 대한 충당금을 설정함. 관계회사의 임대료, 관리비를 대납하는 등 관계회사에 대한 부당 지원을 지속함. 관계회사가 채무 변제 능력을 상실한 것을 알고도 충분한 담보 취득 등 채권 회수 조치를 취하지 않은 채 자금을 대여하는 것은 배임죄에 해당할 우려가 있음. 따라서 관계회사 부당 지원 중단 및 경영 독립성에 대한 검증 기간이 필요함.

구분		내 용
질적 심사 요건 (경영의 투명성 및 안정성)	이해관계자 거래	**(사례4) 대표이사 명의의 개인사업자가 보유한 주식 인수 대금** 상장신청인은 대표이사 소유의 개인사업자 명의로 A회사 주식을 인수한 이후, A회사와 매출·매입 거래를 시작했음. 1년 8개월 뒤 A회사의 주식 가치 재평가를 진행했고, 상장신청인은 대표이사 소유의 개인사업자가 보유한 A회사 주식을 기존 인수가 대비 17배의 가격으로 전량 인수했으며, 대표이사가 이를 의결함. 이는 상법 제391조(이사의 자기 거래 금지) 위반 사항으로 절차상 하자가 존재하며, 투명성에 상당한 흠결이 있는 것으로 판단함. 영업과 관계없이 취득한 주식매매 차익을 회사로 반환 조치하고 개인사업자는 청산을 확약함. **(사례5) 관계회사 거래** 상장신청인은 관계회사와 거래 시 내부거래위원회의 승인을 받고 있고, 매입 가격 수준은 다른 유통 채널과 비슷한 수준으로 설정함. 제품별 가격을 설정한 후 유통 채널별로 별도의 할인율을 책정하여 판매하고 있으며, 상장신청인과 다른 유통 채널의 할인율은 유사한 수준임. 사외이사 3인으로 구성된 내부거래위원회는 연·월간 내부거래 총액 설정 및 집행 내역을 점검하는 등 관계회사 거래에 대한 내부통제가 적절히 이루어지고 있는 것으로 판단함. **(사례6) 관계회사를 통한 부의 이전** 상장신청인의 최대주주 배우자가 최대주주 및 대표이사인 관계회사에 대하여 운영 자금 명목 등으로 지속적으로 대여금을 제공했음. 이 관계회사는 전액 자본잠식 상태임. 상장신청인이 솔루션 구축과 관련하여 관계회사 설립 이후 용역 대금을 매년 지급했지만, 이 용역이 상장신청인에게 제공된 사실이 없음. 이 용역 대금은 최대 주주의 배우자 및 친인척 등에게 상당 부분 급여로 지급됐으며, 기타 부분의 경비 집행도 내역의 투명성이 미흡함. 관계회사의 상근 임·직원이 부족하여 상장신청인이 관계회사의 자금 집행 및 관리 업무 등을 전부 대행하고 있어 부적절한 관계회사 거래를 통해 상장신청인의 이익이 침해됨.
	상장 전 주식거래 등	**(사례1) 최대주주의 친인척에게 우리사주 배정** 조합원 자격이 없는 최대주주의 친인척 2인이 우리사주 조합원으로서 신주를 배정받음. 상장주선인 실사 단계에서 위법 사항을 발견하여 해당 주식을 우리 사주 조합이 취득가액으로 매수한 후 조합원 자격을 갖춘 상장신청인의 직원에게 재배정함.
	경영안정성	**(사례1) 공동 최대주주 체제로 인한 경영 안정성 미흡** 상장신청인은 A, B, C사가 공동 출자하여 설립된 회사로, 신청일 현재 공동 최대주주(각 9.6%, 총 28.9%) 체제임. 상장을 추진하기 위해 공동 최대주주 간 의결권 관련 협약을 체결했지만, 의결권 행사의 경우 당사자 간 합의로 한다고 명기했음. 공동 최대주주 간 의결권 통일 행사가 가능하지 않을 수 있는 점과 이로 인해 최대주주로서의 지배력이 취약한 것으로 판단함.

구분		내 용
질적 심사 요건 (경영의 투명성 및 안정성)	경영안정성	**(사례2) 실질 경영권자인 대표이사가 2대주주로서 경영 안정성 미흡** 상장신청인의 최대주주는 재무적 투자자이고, 실질 경영권자인 대표이사는 2대 주주였음. 최대주주인 재무적 투자자는 향후 지분 매각 가능성이 높은 상황임. 실질 경영권자인 대표이사에 비우호적인 투자자에게로의 지분 매각 가능성을 배제할 수 없어 상장신청인의 경영 안정성이 미흡하다고 판단됨. **(사례3) 의결권 위임 및 공동목적 보유 확약을 통한 경영 안정성 확보** 최대주주가 코스닥 상장사인 상장신청인에게 있어 설립자인 대표이사의 경영 독립성 및 안정성이 상장신청인의 영업 계속성 측면에서 필수적인 상황임. 다음의 보완 장치를 마련함 : ① 최대주주로부터 상장신청인 경영 독립성 보장 확약, ② 최대주주의 경영권을 상장 후 3년간 매각하지 않겠다는 의무 보유 확약, ③ 최대주주 지분 매각 시 대표이사 또는 대표이사가 지정한 제3자에게 우선매수권 부여 확약, ④ 최대주주의 의결권을 대표이사에게 위임하는 공동목적 보유 확약. 상장신청인의 경영 안정성 보완 장치가 마련된 것으로 판단했으며, 이 경영권 안정 방안을 증권신고서에 기재함. **(사례4) 전환사채 전환에 따른 최대주주 변경 가능성에 따른 경영 안정성 미흡** 상장예비 심사신청일 현재 대표이사가 최대주주였음. 하지만 A사가 보유하고 있는 전환사채를 전액 전환할 경우 최대주주가 변경될 가능성이 있음. A사는 전환사채의 전환 및 매각 등에 대하여 6개월간 매각하지 않겠다는 것 외에 별도의 의사 표현을 하지 않음. A사의 경영 참여 여부에 대한 의향이 명확하지 않은 가운데, A사의 전환사채 처리 방침에 따라 최대주주 및 경영진 변동이 좌우되므로 경영 안정성이 미흡하다고 판단함. **(사례5) 최대주주 변경 후 단기간 내 과다한 구주 매출** 상장신청인은 상장예비 심사신청 이전 1년 만에 PEF로의 최대주주 변경이 있었음. 최대주주의 신청 회사 주식 보유 기간이 1년 이내임에도 전체 공모 주식 수의 50% 수준의 구주 매출을 단행함. 과도한 구주 매출과 함께 최대주주 변경 후 기업가치 제고 기간 없이 단기간 내 상장 심사를 신청함. 짧은 실사 기간(4개월), 배당 성향 100% 초과 배당 실행 등 PEF의 단기간 내 시세 차익 획득을 위한 상장이 의심되는 등 경영 안정성이 미흡하다고 판단함. **(사례6) 피인수기업서의 재무부실 전이 가능성** 상장신청인의 법인 최대주주는 신청 회사 인수를 위해 대규모 전환사채를 발행했음. 인수 당시 영업이익 및 현금흐름이 악화되는 등 재무적 불안정성이 존재함. 전환사채 전환가액 대비 모회사 시가가 낮게 형성되어 상환 청구 가능성이 높은 상황에서 최대주주는 대규모 전환사채 상환을 위한 근거 있는 계획을 제시하지 못함. 추가 차입을 통한 자금 조달은 단기적인 해결책에 불과하고, 모회사 재무 상태 지속 악화 시 신청회사 현금 유동성을 활용할 가능성이 존재하므로 영업 현금에 기반한 인수자금 상환 여력을 추가 확인할 필요가 있음.

구분		내 용
질적 심사 요건 (경영의 투명성 및 안정성)	경영안정성	**(사례7) 전환상환우선주의 보통주 전환으로 인한 최대주주 변경** 상장신청인은 설비 투자 재원을 마련하기 위해 투자조합을 대상으로 전환상환 우선주를 발행함. 상장신청인의 IPO 지연으로 해당 투자조합은 해산을 연기하고 우선주 전량을 보통주로 전환하여 최대주주로 변경됨. 투자조합은 조합 해산을 위해 상장신청인에게 지분 매수를 요청했고, 상장신청인이 해당 지분을 인수하기로 합의하여 경영 안정성을 유지함.
투자자 보호	투자자 보호	**(사례1) 경영활동이 불투명한 관계회사 기재 누락** 상장신청인은 최대주주가 지분을 보유하고 있는 국내 법인 2사와 미국 현지 법인 2사(관계회사가 지분 50% 소유)를 신청서에 기재 누락함. 국내 법인 중 하나는 임원의 횡령, 부당 이득 등으로 상장 폐지된 상태지만 여전히 최대주주가 가장 많은 지분을 보유하고 있음. 다른 법인은 최대주주의 지분과 관련하여 소유권 분쟁이 지속되는 상황임. 또한 미국 현지 법인 2사는 공통적으로 순손실이 최근 5년간 지속적으로 발생하고 있고, 그 손실 원인이 대부분 판관비 지급인데다 손실 규모도 연간 매출액보다 2~4배 크게 발생하는 등 비용 발생 구조가 일반적 경영활동에서 발생한 것으로 보기 어려웠음. 상장폐지 및 법적 분쟁이 지속되어 논란의 여지가 많은 2개 관계회사 및 손실 발생 원인이 불투명한 기업 활동에서 비롯된 것으로 추정되는 2개 관계회사에 대해 신청서 기재를 누락하여, 누락 내용이 중요하고 고의성이 있다고 판단함. **(사례2) 주력 제품 관련 소송 사실 기재 누락** 상장신청인의 경쟁 회사가 상장신청인의 주력 제품(매출 비중 약 25%) 관련 기술을 부정한 방법으로 유출·사용하여 부당 이득을 취했다고 주장하며 상장신청인 및 임·직원을 고소했고, 상장신청인이 보유한 주력 제품 관련 특허의 무효를 주장하는 특허 무효 심판 등도 청구함. 상장신청인은 분쟁 사항 중 특허 무효 심판 등을 경미한 사항으로 판단하고 상장 주선인에게 고지하지 않아 예비심사 신청서에 중요 분쟁 사항이 기재되지 않음. 상장 주선인의 실사에서 해당 내용에 대한 검토가 이루어지지 않음. 진행 중인 소송은 주력 제품과 관련된 사항으로 영업에 미치는 영향이 중대하며 일부 중요 사항이 신청서에 기재되지 않은 점 등을 감안할 때 향후 투자자 보호를 위해 소송 관련 불확실성 해소 여부 및 상장신청인에 미치는 영향 등에 대한 추가 검증 기간이 필요함. **(사례3) 주력 제품 관련 중요 사실 오기재** 상장신청인은 매입처로부터 중요 부품을 수급하여 주력 제품을 생산하고 있음. 하지만 수급하는 부품의 가짓수를 축소했고, 부품 수급처 다양화 및 부품 다원화 방안을 제시하는 과정에서 실제와 다른 내용으로 부풀리기가 확인됨. 또한 상장신청인은 주요 매출처에 대한 장기 미회수 채권 관련하여 채권 미회수에 대해 충분히 소명하지 못했으며, 이외에도 기술 사업 계획서 및 상장예비심사신청서상 비즈니스 모델을 실제와 다르게 기재함.

구분		내 용
투자자 보호	투자자 보호	**(사례4) 자본잠식에 따른 투자자 보호 우려** 상장신청인은 공모 희망가격 밴드 상단 기준으로 공모를 하더라도 여전히 자본전액 잠식(상장폐지 사유) 상태임. 도래하는 사업연도 말 추정 자본 총계 적용 시 연말 기준으로 자본잠식 탈피가 가능하지만, 동사의 영업 손실을 감안할 때 재차 자본전액 잠식 우려가 있었음. 자본 증자 등으로 자본 전액 잠식을 면하더라도 자본잠식률 50% 이상이거나 자기자본 10억 원 미달 시 관리종목으로 지정되며, 관리종목 지정 이후 다음 연도에도 해당 사유를 해소하지 못하는 경우 상장 적격성 실질 심사 대상이 됨. 상장신청인의 상당한 자본잠식 규모로 인해 공모 후에도 자본전액 잠식 상태를 면하기 어려워 투자자 보호가 우려됨. **(사례5) 물적분할 자회사 상장 관련 일반주주 권익 제고 방안 검토** 상장신청인은 상장 심사로부터 물적분할하여 신설된 회사로, 상장 시 기존 모회사 주식을 보유 중인 일반주주의 권익을 제고할 필요가 있었음. 거래소는 사전 협의 단계에서 ① 주주 간담회(소액 주주 및 기관투자자 대상)를 통한 충분한 소통, ② 모회사가 보유한 상장신청인 주식 현물 배당 등 주주 환원 정책에 대한 상장신청인과 상장주선인의 협의를 요청함. 주주 보호 방안 마련 등에 대한 추가 논의가 필요하다고 판단하여 사전 협의 단계에서 상장 예비심사를 철회함. **(사례6) 물적분할 자회사 상장 관련 일반주주 권익 제고 방안 마련** 상장신청인은 핵심 고객사의 합작회사 설립 요청에 따라 상장사로부터 물적분할하게 됐으며, 분할 당시 매출 비중은 10% 이하 수준이었음. 공시, 주주 간담회, 온라인 설문 등을 통해 상장 및 주주 보호 방안을 안내하고 의견을 수렴하는 등 모회사 일반주주와의 소통을 위해 노력함. 이를 환원 정책에 반영하여 공모주식 수의 20% 상당 규모의 자회사 주식을 현물 배당했음. 분할 및 상장의 적정성, 환원 정책의 적정성 및 소통 노력의 충실성 등이 인정되어 모회사 주주 보호 노력을 이행한 것으로 인정됨. **(사례7) 인적분할 재상장 과정에서 존속법인의 부실화** 상장신청인은 인적분할 이사회 결의로 신설법인의 재상장을 신청했지만, 그 과정에서 존속법인에 상장 적격성 실질 심사 사유(법인세 차감 전 계속 사업 손실)가 발생하여 매매거래가 정지됨. 인적분할 신설법인의 상장을 강행할 경우 존속법인의 기업 계속성 훼손으로 인한 상장 적격성 실질 심사 상장폐지 등의 가능성이 있어 상장신청인은 상장예비심사를 철회함.

* 출처 : KRX 한국거래소, 2025 코스닥 상장심사 이해와 실무

딥테크 산업 질적 심사 기준

심사항목	중점 심사사항
혁신성	- 연관 산업에 미치는 영향, 신기술 및 신산업 창출 기여도 등 주력 기술의 국민경제적 측면의 중요성 - 주력 개발·보유 기술의 독창성과 경쟁력에 따른 기술의 혁신성 주력 기술을 바탕으로 한 사업수행 능력 및 정부의 혁신성 인증 여부
기술성	- 주력 기술의 합리성 및 개발 단계의 완성도에 따른 기술의 실현 가능성 여부 - 주력 기술의 상용화 경쟁력 여부 및 주요 제품의 상용화 가능성 - 주력 기술의 전문성 및 연구개발 역량 등에 따른 기술력의 지속 유지 가능성
성장성	- 기업의 성장을 위한 인력 및 설비 투자계획, 지적재산권 확보 등 사업계획의 합리성 여부 - 주력 사업의 합리성 및 수익실현을 위한 완성도 등 사업의 성장 잠재력 - 사업의 파생 및 다른 산업과의 연계 가능성 등 사업의 확장성
기타 경영환경	- 특허 경영권 등과 관련한 소송 또는 분쟁이 발생한 경우 기업경영에 미치는 영향 - 영업 관련 주요계약의 조건 등에 따른 우발채무가 경영에 미치는 영향

* 출처 : KRX 한국거래소, 2025 코스닥 상장심사 이해와 실무

바이오 산업 질적 심사 기준

심사항목	중점 심사사항
기술성	■ 기술의 경쟁우위 - 개발 파이프라인을 지속하여 확대시킬 수 있는 원천기술의 보유 여부 - 기술이전 계약 체결실적 및 계약구조 등에 따른 수익창출력 - 국가 과제 수행 내역 및 주요 결과 - 주요 제약·바이오 기업과 공동 연구개발 실적 및 네트워크 구축 여부 - 핵심기술 관련 국내·외 학회 및 논문 발표 실적 ■ 기술의 성공 가능성 - 보유 파이프라인의 수, 임상 진행단계 및 임상 결과 - 개발 의약품 등의 상용화 경쟁력 ■ 연구개발 역량 - 주요 경영진의 연구개발 경력, 바이오산업 관련 전문성 및 경영능력 - 핵심 연구개발 인력 존재 여부 및 재직기간 ■ 지식재산의 보유 - 핵심기술의 국내·외 특허 등록 여부 - 경쟁업체와 특허 관련 분쟁 이력 및 분쟁 가능성 ■ 수익창출 가능성 - 시장규모 및 경쟁 현황 등에 비추어 수익모델의 적정성 - 벤처금융 등 투자자로부터 자금조달 실적 및 규모

심사항목	중점 심사사항
영업상황	- 산업의 성장주기, 시장규모, 경쟁상황 및 진입장벽 등 산업 성장성 및 변화 추이 - 기존 시장 진입·확장가능성 및 신규시장 창출 가능성 - 매출처와의 거래 지속 가능성 또는 신규 매출처 확보 가능성 - 산업의 국내·외 규제환경 및 정부정책 영향 - 경영진의 지식, 경험 등 내부 역량이 영업의 지속성 및 향후 성장에 미치는 영향
성장성	- 기업의 성장을 위한 인력 및 설비 투자 계획, 지적재산권 확보 등 사업계획의 합리성 여부 - 공모자금 사용의 합리성 및 공모자금의 유입에 따른 성장 가능성 - 상장 후 일정기간 이내 매출, 영업이익 등 수익실현 가능 여부
기타 경영환경	- 특허, 경영권 등과 관련한 소송 또는 분쟁이 발생한 경우 기업경영에 미치는 영향 - 영업 관련 주요 계약의 조건 등에 따른 우발채무가 경영에 미치는 영향

* 출처 : KRX 한국거래소, 2025 코스닥 상장심사 이해와 실무

게임 회사 평가항목

구분		중점 심사사항
개발중심	개발인력 구조	- 1년 이상 근속한 상용화 경험이 있는 핵심개발자 보유 여부
	게임라이프 사이클	- IPO 시점에서 주력 게임이 라이프사이클상 하강국면이 아닐 것
	포트폴리오	- 상용 서비스한 게임 2개 이상 - 1년 이상 상용 서비스한 게임 1개 + 오픈베타 후속 게임 - 상용 서비스한 게임 1개인 경우, 단일게임 위험을 분산시킬 것
	후속게임	- 오픈베타 서비스를 통하여 상용 서비스의 성공 가능성이 확인될 것
퍼블리싱 중심	퍼블리싱 인력구조	- 1년 이상 근속한 상용화 경험이 있는 핵심 퍼블리싱 인력 보유 여부
	게임 라이프 사이클	- IPO 시점에서 주력 게임이 라이프사이클상 하강 국면이 아닐 것
	포트폴리오	- 상용 서비스한 게임 3개 이상 - 1년 이상 상용 서비스한 게임 2개 + 오픈베타 후속 게임
	후속 게임	- 오픈베타 서비스를 통하여 상용 서비스의 성공 가능성이 확인될 것
	서비스 운용경험	- 상용화 게임을 1년 이상 운용한 경험 유무

* 출처 : KRX 한국거래소, 2025 코스닥 상장심사 이해와 실무

소재·부품·장비 업종 기술성장기업 평가항목

구분		중점 심사사항
소·부·장	수익 실현 가능성 (성장성)	– 매출 성장 및 수익구조 등 양정 성장 가능성
	기술의 상용화 경쟁력 (기술성 및 사업성)	– 기술제품의 사업화 동향 등 질적 성장 가능성
	평가대상 기술의 시장성	– 목표시장의 성숙도 검증 및 추가적인 성장가능성 확인 – 오래된 기술일 경우 추가적인 기술개발 및 기술 제품에 대한 수요 확인될 것
	자원 필요성	– 업종 및 기술 제품의 특성에 따른 국가 전략상 육성 필요성 반영 – 정책적·제도적 지원을 통한 사업경쟁력 확보 가능성 검토

* 출처 : KRX 한국거래소, 2025 코스닥 상장심사 이해와 실무

용어 정리표

Chapter	용어	설 명
7	ERP (Enterprise Resource Planning)	전사적 자원 관리. 기업의 모든 자원(생산, 회계, 인사, 재고 등)을 통합적으로 관리하여 효율성을 높이는 시스템
	RFP (Request for Proposal)	제안요청서를 의미함. 특정 프로젝트나 사업에 대해 필요한 정보, 요구사항 등을 명시하여 업체들로부터 제안서를 요청하는 문서임. 주로 기업이나 공공기관에서 외부 용역이나 시스템 구축 등을 위해 사용됨.
	내부회계관리제도	재무보고의 신뢰성을 확보하기 위해 기업 내부에서 회계정보를 관리·통제하는 제도
	일반기업회계기준	한국 비상장기업이 재무제표 작성 시 적용하는 회계기준
	GAAP (Generally Accepted Accounting Principles)	미국에서 일반적으로 인정된 회계원칙
	영업권 (Goodwill)	기업이 동종 산업의 다른 기업보다 더 많은 이익을 창출할 수 있는 능력을 나타내는 무형자산으로, 기업 인수 시 지급한 대가가 피인수기업의 순자산 공정가치보다 큰 초과액을 의미
	지분법 회계	피투자회사의 순이익 변동분을 투자회사의 재무제표에 반영하는 회계처리

Chapter	용어	설 명
7	기술 라이선스 (Technology License)	특허·노하우 등의 기술을 일정 조건으로 사용할 수 있는 권리
	재고자산 손상차손	재고자산의 가치가 장부 금액보다 낮아졌을 때, 해당 감소액만큼을 손실로 인식하고 재고자산의 장부가를 재평가하는 회계 처리
	재고자산 충당금	재고의 시장 가격이 하락하여 취득가액보다 낮은 가치로 평가될 때, 재무상태표상 재고자산의 가치를 실제 손실 가능액만큼 줄여서 표시하는 회계 계정
	매출채권 (Accounts Receivable)	기업이 고객에게 상품이나 서비스를 신용으로 판매한 후, 아직 대금을 받지 못한 채 권리로서, 외상매출금과 받을어음을 포함하는 계정과목
	특수관계인	친족 관계나 경제적 연관 관계, 경영 지배 관계 등 대통령령으로 정해진 특별한 관계에 있는 개인이나 법인을 의미
	앙상블 모델 (Ensemble Learning)	여러 개의 개별 모델을 결합하여 단일 모델보다 더 정확하고 안정적인 예측을 수행하는 머신러닝 기법
	순운전자본 (Net Working Capital)	기업의 단기적인 유동성을 나타내는 지표. 유동자산에서 유동부채를 뺀 값. 효율적인 관리가 재무 건전성 증명에 중요
	액면분할 (Stock Split)	기존 주식의 액면가를 일정한 비율로 낮추어 발행 주식 수를 늘리는 것으로, 주당 가격을 낮춰 주식거래를 활성화하고 유동성을 높이는 것이 주요 목적
	무상증자 (Bonus Issue)	자본금 증대 없이 회사의 잉여금을 재원으로 주식을 발행하여 기존 주주들에게 무상으로 나누어주는 방법. 유통 주식 수 증가에 활용
	수권주식 수 (Authorized Shares)	회사가 정관에 따라 발행할 수 있는 최대 주식 수를 의미합니다. 이 수치는 미래에 자금조달이나 인수·합병 등 다양한 목적을 위해 주식을 발행할 수 있는 상한선으로, 회사 설립 시 정해지며, 이사회나 주주총회의 결의를 통해 변경
	명의개서 대리인 (Transfer Agent)	주식의 소유권이 변경될 때 주주명부에 새로운 소유자의 명의를 기재하는 '명의개서' 업무를 포함하여 주식 및 사채 관련 제반 증권 업무를 대행하는 기관
	기술특례상장	이익이 나지 않더라도 기술력과 성장잠재력이 우수한 기업이 상장할 수 있도록 특례를 부여하는 제도
	IPO (Initial Public Offering)	기업 공개. 비상장 기업이 주식을 일반에 공개적으로 판매하고 증권시장에 상장하는 것
	주관사	IPO 과정에서 발행사(기업)를 대신해 주식을 판매하고, IPO의 구조를 설계하며, 투자자들에게 주식을 배분하는 투자은행 또는 증권사

Chapter	용어	설 명
7	지정 감사인	기업의 회계감사를 수행하도록 지정된 회계법인. 상장 준비 시 필수적으로 감사를 받아야 함.
	영업레버리지 (Operating Leverage)	매출액 변화율에 대한 영업이익 변화율의 비율을 의미. 고정비가 높은 기업일수록 영업레버리지 효과가 커서, 매출액이 증가할 때 영업이익이 더 크게 증가하지만, 반대로 매출액이 감소할 때는 영업이익이 더 크게 감소하는 위험이 있음.
	메자닌 금융 (Mezzanine Finance)	주식과 채권의 중간 성격을 가진 투자 방식. 전환사채(CB), 신주인수권부사채(BW), 상환전환우선주(RCPS) 등이 있음.
	상장예비심사청구서	비상장 기업이 증권시장에 상장하기 위해 한국거래소에 제출하는 서류. 기업의 재무, 사업, 지배구조, 기술력 등 상장 적격성 전반을 심사받는 데 사용
8	디지털 포렌식 (Digital Forensics)	컴퓨터, 스마트폰 등 디지털 기기에서 증거를 수집하고 분석하여 법적 증거 능력을 확보하는 과학 수사 기법임. 삭제된 파일을 복원하고, 인터넷 기록, 메신저 대화, CCTV 영상 등을 분석하여 사건의 진실을 규명하며, 무결성을 유지한 증거는 재판 등 수사 과정에서 활용
	ISO 9001	국제표준화기구(ISO)가 제정한 품질경영시스템(QMS)에 대한 국제 표준으로, 조직의 제품 및 서비스가 고객과 관련 법규 요구사항을 충족하며 일관성을 유지하도록 체계적인 관리 시스템을 수립하고 운영하는 방법
	ISO 14001	조직의 환경 영향을 체계적으로 관리하기 위한 환경경영시스템(EMS)에 관한 국제 표준 규격
	GS 인증	소프트웨어 품질인증(GS인증)은 소프트웨어 제품의 품질 확보 및 소프트웨어 업체의 판로지원을 위해 소프트웨어산업 진흥법 및 과학기술정보통신부 고시에 따라 시험·평가하여 적합한 경우 소프트웨어 품질 인증서 및 인증 마크를 부여
	메타데이터 (Metadata)	데이터에 대한 데이터로, 특정 정보 자원(데이터)을 설명하고 기술하는 데 사용되는 정보
9	PER (Price-to-Earnings Ratio)	현재 주가를 주당순이익(EPS)으로 나눈 값. 기업의 주가가 순이익의 몇 배인지를 나타내 주식의 가치 평가에 사용되는 지표
	PBR (Price to Book-value Ratio)	기업의 주식 가격이 그 기업의 순자산(장부가치)에 비해 얼마나 높은지를 나타내는 재무지표
	PSR (Price to Sales Ratio)	기업의 시가총액을 연간 매출액으로 나눈 값, 혹은 1주당 주가를 1주당 매출액으로 나눈 값. '주가매출액비율'이라고 함.

Chapter	용어	설 명
9	EV/EBITDA (Enterprise Value / Earnings Before Interest, Taxes, Depreciation, and Amortization)	기업의 총가치(EV)를 이자, 세금, 감가상각 전 영업이익(EBITDA)으로 나눈 값임. 기업의 현금 창출 능력을 바탕으로 기업가치를 평가하는 지표로, 장치 산업이나 M&A에서 기업가치 비교 시 유용하게 사용됨.
	IR (Investor Relations)	기업이 투자자 및 잠재 투자자들과 소통하며 기업가치를 알리고 신뢰를 구축하는 활동
	수요예측 (Book Building)	공모 과정에서 기관 투자자들이 공모가 밴드 내에서 매수 희망 가격과 수량을 제시하도록 하여 시장의 실제 수요를 파악하고 최종 공모가를 산정하는 과정
	청약	공모가로 일반투자자들이 증권사를 통해 주식을 매수 신청하는 과정
	상장 본심사	한국거래소가 상장 요건 유지 여부를 최종적으로 확인하는 과정
	NDR (Non-Deal Roadshow)	기관 투자자들에게 자금조달 없이 기업을 홍보하고 피드백을 수집하는 IR 활동
	BEP (Break-Even Point)	일정 기간의 매출액이 총비용과 일치하여 이익도 손해도 발생하지 않는 지점을 의미
	대체재 (Substitute Good)	특정 제품·서비스를 대신할 수 있는 재화
	보완재 (Complementary Good)	다른 재화와 함께 사용할 때 가치가 커지는 재화
	우리사주조합 (ESOP, Employee Stock Ownership Plan)	종업원들이 해당 회사의 주식을 공동으로 취득하고 보유하기 위해 설립하는 조합
	공모가 (IPO Price)	수요예측 및 청약 과정을 거쳐 최종적으로 확정되는 주식의 공모 가격. 일반투자자들이 이 가격으로 주식을 매수 신청함.
	공모가 밴드 (IPO Price Band)	기업공개(IPO) 시 주관사가 투자자들에게 제시하는 주식의 예상 가격 범위. 투자자들은 이 범위 내에서 수요예측에 참여함.
10	게임 체인저 (Game Changer)	게임의 판도를 바꿀 수 있는 것. 혁신적인 아이디어로 업계의 판도를 뒤바꾼 사건이나 인물을 의미함.
	컨퍼런스 콜 (Conference Call)	여러 사람이 전화선에 동시에 연결하여 진행하는 다자간 전화 회의를 의미
	자사주 (Treasury Stock)	회사가 직접 자기 회사에서 발행한 주식을 다시 사들여 보유하는 주식으로, 금고주라고도 함.
	이익잉여금 (Retained Earnings)	기업의 순이익 중 배당이나 자본 전입 등으로 처분되지 않고 사내에 유보된 누적 이익으로, 회사의 재투자를 위한 여력이며 재무상태표의 자본 항목에 표시

Chapter	용어	설 명
10	크로스펑셔널 (Cross Functional)	여러 부서나 기능의 전문 지식을 가진 사람들이 모여 공동의 목표를 달성하기 위해 함께 일하는 것을 의미
	가이던스 (Guidance)	애널리스트, 기업 등 제시하는 예상 실적치. 투자 판단에 중요한 영향을 미침
	오버행 이슈 (Overhang Issue)	보호예수 해제 등으로 인해 대규모 매도 물량이 시장에 풀려 주가 하락을 유발할 수 있는 위험
	CCUS (Carbon Capture, Utilization, and Storage)	이산화탄소를 산업 배출원에서 포집하여 활용하거나 영구적으로 저장하는 기술. 기후 변화 대응을 위한 핵심 탄소 중립 기술 중 하나임.

1. 정부 및 공공기관 자료

- 중소벤처기업부, K-Startup 창업지원정책
- 특허청, 영업비밀 보호제도
- 금융위원회, IPO 제도개선 발표(2025)
- 통계청, 한국표준산업분류(KSIC)
- 과학기술정보통신부, 클라우드 보안 인증제도(CSAP)
- 한국인터넷진흥원(KISA), 중소기업 정보보호 가이드라인
- 한국무역협회, 스타트업 실증 PoC 조사(2021)
- 한국산업인력공단, 국가직무능력표준(NCS) 활용 패키지
- 한국생산성본부, 공급사슬관리(SCM) 실무 가이드
- 한국상장회사협의회, 사외이사제도 가이드
- 한국거래소, "2025 코스닥 상장 이해와 실무", 젠컴퍼니(2025)
- 한국증권금융 우리사주지원센터, "우리사주제도의 이해"(2021)

2. 국내 학술 자료

- 한국지식재산연구원, "특허 보유 스타트업 성장 가능성 분석"(2019)
- 한국지식재산보호원, 영업비밀 보호지원
- 한국산학기술학회, "국가연구개발사업의 Stage-Gate 프로세스 도입 및 운영 연구"(2020)
- 한국경영학회, "조직 설계와 구조 선택"
- KDB미래전략연구소, 이대원, "기후기술 지원 선진사례 및 시사점"(2018)
- 연세법학, "ESG 경영과 사외이사 역할"

- 유통연구, "B2B 관계에서 공급자의 두 가지 판매 행동이 구매자의 신뢰에 미치는 영향"
- 한국정보기술학회, "센서 드리프트 보상 방법"

3. 해외 학술 자료

- Porter, M. E., "Competitive Advantage : Creating and Sustaining Superior Performance"(1985)
- Cooper, R. G., "Stage-gate systems : a new tool for managing new products", Business Horizons(1990)
- Cooper, R. G., "Winning at New Products : Creating Value Through Innovation", Basic Books(2017)
- Osterwalder, A., & Pigneur, Y., "Business Model Generation", Wiley(2010)
- Ries, E., "The Lean Startup", Crown Business(2011)
- Blank, S., & Dorf, B., "The Startup Owner's Manual", K&S Ranch(2012)
- Damodaran, A., "Investment Valuation"(2012)
- McGrath, R. G., "The End of Competitive Advantage", Harvard Business Review Press(2013)
- Galbraith, J., "Designing Organizations : Strategy, Structure, and Process"(2014)
- Chopra, S. & Meindl, P., "Supply Chain Management : Strategy, Planning, and Operation"(2016)
- Mintzberg, H., "The Structuring of Organizations"(1979)

- Lee, H., "Aligning Supply Chain Strategies with Product Uncertainties" (2002)
- Harvard Business Review, "Spark Innovation Through Empathic Design", Leonard, D., & Rayport, J. F.(1997)
- Harvard Business Review, "Know Your Customers' Jobs to Be Done", Christensen, C. M., et al.(2016)
- Harvard Business Review, "Embracing Agile"(2016)
- TQM Journal, "Design for Lean Six Sigma"

4. 대학 강의 자료

- 서강대학교 경영학과 전성률 교수, 브랜드 관리
- 서강대학교 경영학과 정재학 교수, 마케팅 관리
- 서강대학교 경영학과 김길선, 김민균 교수, 제품과 서비스의 가치 창조 프로세스
- 서강대학교 경영학과 서정일, 박종훈, 김양민 교수, 경영전략
- 서강대학교 경영학과 민재형 교수, 경영활동의 순환고리
- 서강대학교 경영학과 최장호 교수, 인사조직
- 서강대학교 경영학과 김길선 교수, 기술경영과 혁신전략

5. 기타

- Gartner, "Future of Sales 2025" 보고서
- McKinsey & Company, "The Five Trademarks of Agile Organizations" (2017)
- BCG, "Post-Merger Integration Framework"

- Deloitte, "M&A 트렌드 조사"
- Deloitte, "CMO의 성공 방정식 : 데이터, 인사이트, 창의성", Deloitte Our Thinking(2025)
- 초기투자액셀러레이터협회, 정보마당 각종 자료
- 한국인사관리협회, "역량모델링 실무 가이드"
- 강찬영 외 5명, "기후기술 보고서, 기후테크, 벤처캐피털의 다음 목적지", 삼일 PWC(2021)
- 임지훈, "기후테크 산업 동향 및 우수 기업 사례를 통해 본 성공 전략", 한국무역협회(2024)
- 한국벤처투자, 투자유치 가이드북
- 한국투자액셀러레이터, 프로그램 가이드
- 플래텀, "미디어 관점으로 바라본 스타트업 홍보/PR"(2021)
- 플래텀, "투자 실무"
- 브런치, "스타트업 공동창업자 구하는 방법"
- 코드스테이츠, "PMF(Product Market Fit) 정의와 측정 지표"
- 스타트업엔, "밸류체인(Value Chain) 의미와 중요성"(2023)
- 위시켓, "POC란 무엇인가?(정의, 필요한 이유, 진행 과정)"(2025)
- 스냅틀, "SaaS POC 기술 검증 가이드"
- ZUZU, "공동창업 지분 분배 가이드"
- ZUZU, "스타트업 IR 가이드"
- 매쉬업벤처스, "IR 자료 작성법"
- EventX, "데모데이 진행 가이드"
- 소풍벤처스, "기자·출신 PR이 조언하는 스타트업 PR법"
- SK Networks, "Car After Market Strategy Report"(2010)
- CJ그룹, "직무정보 | 인재채용", CJ그룹 채용포털

- 센드버드, "스타트업의 성공적인 영업조직 설계를 위한 3가지 접근법"
- 세일즈포스, "B2B 영업의 정의 및 전략과 모범 사례"
- Scrum Alliance, "Scrum Guide"
- 삼일회계법인, PMI 가이드
- 삼일PWC, M&A지원센터 가이드북 법무법인 세움, 텀시트 가이드
- 바로운파트너스, M&A 및 IPO 교안 자료(2024-2025)
- DKL 파트너스, 주주간계약서 작성 실무
- Balawn Partners, DCF 평가 자료
- 스타로, "투자라운드 가이드"
- 테크42, "투자 계약 조항"
- JRK, "전략적 투자자(SI)와 재무적 투자자(FI)의 개념 알아보기"(2023)
- M&A 거래소, "전략적 파트너십 가이드"
- 브릿지코드, "M&A 인사이트"
- 브릿지코드, "M&A 예비실사 가이드"
- 리버티랩스, "PMI 인사이트"
- 제이씨이너스, "인수합병"
- 품질관리 학습토론장, "TQM과 6시그마 요약"
- 한국전자기술, "OEM ODM 제조, 어떤 생산방식이 나에게 적합할까?"
- Project HR, "HRM 전문가가 되기 위한 역량 강화와 자격증 가이드", Project Cloud(2025)
- 캐치시큐, "개인정보 내부 관리계획"
- 개인정보보호 관련 법령
- KT Enterprise, "DLP 솔루션"
- 소만사, "화상회의 보안"
- ISO/IEC 27001, 정보보호 관리체계 인증 기준

- K-RND, Element Korea, "IP 등급 완벽 가이드"
- 미래에셋증권 IPO 가이드
- NH투자증권 IPO 가이드
- 대신증권 IPO 가이드

6. 뉴스

- 한국경제, "스타트업 B2B 영업, 한국식 신뢰관계와 논리력 섞어라"
- 한국경제, "제조 유니콘 키우는 스타트업 도우미가 뜬다"
- K글로벌타임스, "PoC 진행 가이드"
- ZDNet, "AI 프로젝트 PoC 가이드"
- ZDNet, "스타트업 기술"
- 팍스경제TV, "M&A 뉴스"
- 손인호 변리사, "주문자 상표 부착 생산, OEM과 ODM은 무엇일까?"
- 파인특허법률사무소, "스타트업의 성장 엔진, 특허와 지식재산권 전략 완벽 가이드"
- 전호상, "스타트업 CTO의 역할", POP IT(2021)
- 정두용, "CTO가 되려면. 기술을 제품·서비스에 접목하는 응용력 중요", 이코노미스트(2024)
- 이준택, "M&A 관련 법률문제"
- IBM, "가치사슬 분석이란 무엇인가요"
- 성장마케팅, "ESG 콘텐츠 마케팅"
- Asana, "프로젝트 리스크 관리"
- 스타트업세일즈연구소, "고객 발굴 방법"
- 스타트업세일즈연구소, "영업조직 구축 노하우"

- 페이퍼프로그램, "제조 스타트업을 위한 OEM과 ODM의 차이점과 선택 방법"
- 페이퍼프로그램, "제조 스타트업"
- 히든스카우트, "기술영업 헤드헌팅, B2B 기술기업이 꼭 참고해야 할 전략" (2025)
- 재능넷, "스타트업 조직문화"
- TIPS, TIPS 프로그램

이재준

서강대학교 재무 전공 박사과정에 재학 중이며, 현재 바로운파트너스에서 액셀러레이터 및 경영 컨설턴트로 활동하고 있다.

증권사 PB, 투자자문사 애널리스트, 경영 컨설턴트를 거치며 투자, 기업금융, IPO 전반에 걸친 실무 역량을 쌓았다. 한국거래소, 산업은행, 한국액셀러레이터협회, 삼일아카데미, 서울회생법원 등에서 재무 및 전략 관련 전문 강의를 진행해 왔으며, 현장에서 직접 체득한 인사이트를 실무자와 예비 창업가들에게 전하고 있다.
기업의 본질적 가치를 꿰뚫는 통찰력을 바탕으로, 기업 투자·기업가치 평가·재무제표 분석·자금조달·M&A·IPO·IR 등 기업 성장 전략 전반에 대한 명확한 솔루션을 제시한다.

복잡한 자본시장에서 기업이 성공적으로 상장에 이르는 여정의 든든한 동반자가 되고자 한다.

바로운파트너스 BGM